G. VIAL-MAZEL

Le Rhin victoire allemande

ETIENNE CHIRON, Editeur
40, Rue de Seine, 40 — PARIS (VIe)

Le Rhin,
victoire allemande.

LE MOUVEMENT RHÉNAN PENDANT L'ARMISTICE
LE LIVRE DU Com[t] JACQUOT — LE FÉDÉRALISME

G. VIAL-MAZEL

Le Rhin, victoire allemande.

« La France a droit à la ligne du Rhin. »

KARL MARX,
(Manifeste de septembre 1870).

« Si le Palatinat cesse d'être une partie intégrante de l'Empire, tous les territoires de la rive gauche tomberont, tout l'Empire allemand s'écroulera. »

(*Neue Badische Landeszeitung*,
26 juin 1919.)

ÉTIENNE CHIRON, ÉDITEUR
40, rue de Seine, 40
PARIS

A la Mémoire de mon Père
Mort pour la France, le 25 Décembre 1916

G. V.-M.

Le Rhin, victoire allemande.

Victorieux, les Français s'établirent sur la rive gauche du Rhin.

L'article 5 des conditions d'armistice imposées aux Allemands par le maréchal Foch stipulait que les pays de la rive gauche du Rhin seraient évacués par les armées allemandes et administrés par les autorités locales sous le contrôle des troupes d'occupation des Alliés et des Etats-Unis.

Le 11 décembre, l'occupation était un fait accompli.

Dès leur arrivée, nos soldats eurent l'impression d'être dans un pays riche, aimable, joyeux, hospitalier, nullement hostile. Un historien eut pu le prédire. Il suffit de relire Funck-Brentano, Aulard, Sagnac, Babelon, etc., pour se convaincre des traces profondes laissées dans le sang et les manières de vivre des pays rhénans, par la politique et les soldats de l'ancienne monarchie, de la République et de l'Empire.

Les Français de 1918 retrouvèrent l'influence française au premier contact avec la population.

Ils venaient de traverser l'Alsace pleine d'un enthousiasme délirant depuis son retour à la France.

Ils trouvaient dans les pays qu'ils venaient occuper les mêmes villages, les mêmes clochers, les mêmes vignobles, les mêmes cultures fragmentées et soignées comme celles d'un jardin, les mêmes guirlandes de houblon courant au long des routes comme un décor de fête, le même esprit individualiste, démocratique et frondeur et... « chez l'habitant » souvent une vieille gravure de l'Empereur, le nôtre, Napoléon Ier. Qui les avertissait qu'ils n'étaient plus en Alsace, en France, mais dans le Palatinat ?

Longtemps d'ailleurs, les Prussiens ne désignèrent pas autrement que par « têtes de Français » ces Allemands indisciplinés et fiers, panachés de Celte, qui leur ressemblaient si peu.

Car les Allemands n'ont pas été les derniers à s'apercevoir des sympathies des peuples rhénans pour la France. Ce fut pour eux une constante préoccupation que la question rhénane, et qui se manifeste dans l'opinion de maintes personnalités notoires allemandes. En 1793, Georges Forster dit, le 13 novembre, dans son discours au Club républicain Mayençais : « Le Rhin, si l'on s'en remet à « l'équité, doit rester la frontière de la France. » Il fonda, pour soutenir cette politique, la *Neue Mainzer Zeitung*, plus connue sous le nom de Wolksfreund (l'ami du peuple). Le 23 mars de la même année, la Convention nationale rhéno-germanique avait élu des délégués (G. Forster, Patocki et Adam Lux) pour aller demander à la Convention française l'incorporation à la République. « La na« ture elle-même, disaient-ils, a voulu que le Rhin fut la « frontière de la France. » Plus tard, le pangermaniste Ernst Moris Arndt, qui fut le promoteur du « Rhin, fleuve de l'Allemagne et non frontière de l'Allemagne », s'efforçait, dès 1813, de convaincre ses compatriotes que le Rhin n'est pas une frontière naturelle entre la Germanie et la France. « Beaucoup d'Allemands, constate-t-il avec « regret, ont trouvé cette frontière naturelle, vraiment « toute naturelle, et ont cherché à le démontrer avec les

« Français et pour les Français... Il y a encore et toujours « beaucoup de gens qui agissent comme si le Rhin entre « l'Allemagne et la France est quelque chose d'indiscutable « et de réglé », et, plus loin, il reproche à ses contempo- « rains de s' être laissés absolument égarer par le bavar- « dage des Français au point de trouver que leur reven- « dication (la rive gauche du Rhin) n'est vraiment pas « si contraire à l'équité. »

Le 23 juin 1848, Clément-Théodore Perthes écrivait au duc de Meinigen : « Les provinces rhénanes ont été « et sont le mauvais génie qui conduit la Prusse à « l'abîme. »

Le 30 mai 1849, le *Karlsrüher Zeitung* publiait une proclamation du gouvernement révolutionnaire badois où se trouvaient ces mots : « Frères de France, nous vous « crions : au Rhin, au Rhin ! la liberté de l'Europe est en « péril ; la France ne doit pas manquer au poste d'honneur. « En avant, au nom de la liberté, de l'égalité et de la frater- « nité. » C'est l'époque où l'Allemagne rhénane gagnée par notre génie devint ce large et puissant foyer de libéralisme qui eût fait de l'Allemagne une grande, riche et pacifique république fédérative, si, pour le malheur de notre pays et de l'humanité, Bismarck n'eût, grâce à l'armée prussienne, « par le fer et par le feu », étouffé ses libres aspirations, balayé les constitutions démocratiques et imposé, en 1859, aux populations violentées et conquises et à l'Europe interdite et impuissante, la solution prussienne de l'unité allemande.

Dans le *New York Times* du 19 mai 1854, Karl Marx écrivait : « La Prusse proprement dite, c'est-à-dire la « Prusse qui s'étend de la rive droite du Rhin à la fron- « tière russe, vit dans la crainte de perdre les provinces « rhénanes, dont la possession, qui constituerait une fron- « tière nationale, est l'aspiration quotidienne de tout « Français, depuis le paysan jusqu'à l'empereur... Il n'est « pas douteux que les intérêts de la rive gauche du Rhin

« ne gravitent vers l'union avec la France. La rive gauche « est riche en gisements de charbon et de fer; le capital « français les exploite déjà dans une mesure considérable « et leur valeur s'accroîtrait s'ils faisaient partie de l'em- « pire français. Mais la Prusse a dépensé des millions « pour y créer des forteresses de premier ordre ; elle n'aban- « donnera pas aisément ces provinces. »

Et dans le manifeste qu'il lance au nom de l'Internationale, au mois de septembre 1870, Karl Marx proclame :

« Si la présente campagne a prouvé quelque chose, c'est « bien la facilité avec laquelle on peut envahir la France « du côté de l'Allemagne ; la France aurait droit à la ligne « du Rhin, afin de protéger Paris, qui est certainement « plus exposé à une attaque venant du nord-est que Berlin « de l'est au sud-ouest. »

Engels, en 1892, écrivait dans l'*Almanach du Parti ouvrier* : « Si l'Allemagne est vaincue, écrasée entre le « marteau français et l'enclume russe, elle devra céder à « la Russie la vieille Prusse et les provinces polonaises, « au Danemark le Schleswig et à la France la rive gauche « du Rhin. »

Le docteur Hans Delbruck écrit (*Regierung und Volskswill, Berlin 1914*) : « Il n'y a absolument aucun doute ; « seuls, les habitants du Hanovre, de la Westphalie, du « Brunswick, de l'Oldenburg sont des Germains. Mais « toutes les populations rhénanes sont très fortement « mélangés de Celtes, de Rhétiens et d'autres peuples « romains (1) ».

Le 24 septembre 1918, en pleine guerre encore, le *Täglische Rundschau* publiait : « Après la victoire ennemie, « la rive gauche et l'Alsace-Lorraine deviendront fran- « çaises (2). » Et le 26 juin 1919, trois jours après la

(1) *Bulletin* de l'Armée d'occupation.
(2) Cité par Funck-Brentano.

signature de la paix, la *Neue Badische Landeszeitung* affirmait : « Si le Palatinat cesse d'être une partie inté-« grante de l'empire et se déclare pour une république « neutre, tous les territoires de la rive gauche tomberont, « tout l'empire allemand s'écroulera. »

Ainsi, les Allemands le reconnaissent eux-mêmes, le génie celte insufflé dans l'âme palatine ou, si l'on préfère, le pur génie allemand qui eut en France tant de nobles admirateurs, refoulé, comprimé, dévoyé par la prussification, avait été vaincu, mais il n'était pas mort.

Les traités de 1815, de 1866 et de 1871, malgré l'habile politique économique prussienne du « Zollverein », n'étaient toujours que conventions politiques. Au nom du droit des peuples à disposer d'eux-mêmes, au nom de la sécurité de la France trois fois dévastée et meurtrie au cours du siècle, au nom de la paix du monde, ne pouvions-nous pas rendre à ces pays leur liberté perdue en les dégageant de l'emprise prussienne ? Enlever à la Prusse le contrôle économique du Palatinat, des Pays Rhénans, contrôle qui lui avait servi à préparer et à nourrir « sa guerre », n'était-ce pas en même temps dégager ces pays des contraintes administratives, politiques, morales ou religieuses qui les asservissaient, leur rendre leur personnalité sociale, et, par surcroît, donner à la paix européenne sa garantie suprême ?

Non seulement c'était une tâche d'une haute portée morale, en harmonie avec le génie de la France, son idéal humanitaire et social, mais encore une plus certaine garantie de réparation que celle que l'on peut espérer du paiement de problématiques milliards. Pour cela, il ne suffisait que de cultiver les sympathies et les survivances françaises et de briser l'œuvre arbitraire, brutale et relativement récente du fonctionnarisme prussien. Le pays, avec sa prospérité économique, aurait retrouvé son indépendance morale et cette liberté dont il est avide par tempérament, par instinct et par tradition.

Nous verrons quelles divergences internationales empêchèrent la réalisation de cette belle œuvre, quelle force nouvelle, quelle haine l'ennemi sut y puiser, et comment s'inaugura notre politique de concessions, de faiblesses, de reculs qui, peu à peu, aboutit à l'effritement du Traité, à l'écroulement de notre Victoire.

Les Premières Manifestations de l'Idée d'Indépendance

I

DANS LE PALATINAT

Antipathies bavaroises et Sympathies françaises

Le Palatinat fut perdu pour la France et annexé à la Bavière en vertu des traités de 1815.

Si l'on consulte les documents et mémoires de l'époque, si l'on s'en rapporte même aux traditions orales et aux vieux souvenirs encore vivaces dans le peuple, il apparaît que les habitants du Palatinat, plus particulièrement que ceux de la Hesse rhénane, furent très loyalement attachés d'abord à la République, puis à l'Empire français, et fournirent de bonnes et fidèles troupes aux armées napoléoniennes.

Aussi en 1815, lorsque toute cette région fut cédée à l'Allemagne, le sentiment de la population fut loin d'être aussi enthousiaste que voulurent plus tard le faire croire certains historiens officiels et stipendiés de l'Allemagne. D'autres, au contraire, plus soucieux de la vérité, reconnurent que « personne ne pouvait oublier facilement les « années de régime français, que beaucoup de commerçants « et d'industriels étaient tournés vers la France, que quel- « ques-uns même étaient entièrement Français ». En réalité, ce fut un douloureux arrachement ; pendant longtemps encore les traditions, les mœurs, la langue française survécurent à l'annexion allemande. Il fallut, pour les étouffer, toute l'insidieuse méthode germanique qui fit une chasse systématique et persévérante à tout ce qui pouvait rappeler la France.

Et cette résistance qu'offrit le Palatinat à se laisser germaniser selon les méthodes bavaroises, puis plus tard prussiennes, s'explique si on se rend compte que ses habitants connurent le code Napoléon qui, morcelant la propriété, créa un peuple de petits propriétaires qui, déjà indépendant par atavisme, devint encore plus jaloux de ses intérêts et de son sol.

« Si chaque paysan palatin n'a pas précisément dans « sa poche le code napoléonien, écrivait le docteur Melhis, « chacun en connaît bien les dispositions et le tient pour « sa précieuse propriété. »

Ce peuple ne pouvait voir d'un bon œil son rattachement à une nation de grands propriétaires fonciers, pour la plupart des familles nobles. En effet, en Bavière, 17 % seulement du sol livré à l'agriculture est occupé par les exploitations rurales de moins de 5 hectares. De plus, pays beaucoup plus riche que la Bavière, il devait devenir fatalement « la vache grasse que dévorerait la vache stérile ». « Tandis que la plaine du Palatinat continuant l'Alsace est un pays chaud, sec, où grâce à la navigation du Rhin, grâce aussi à la proximité du fer lorrain et de la houille de Sarre, l'industrie et le commerce ont pu se développer (1) », la Bavière est surtout un pays de forêts et de montagnes.

Ajoutons encore que la Bavière est catholique et le Palatinat protestant.

Pour ces raisons, le premier contact entre les fonctionnaires bavarois et les palatins fut des plus épineux. Comment en eût-il été autrement entre fonctionnaires, presque tous nobles, et une population où la différence entre le bourgeois et le paysan n'existe pas et où chaque paysan se considère comme un bourgeois et est considéré comme tel ?

(1) Julien Rovère : *la Bavière et l'Empire allemand.*

Cette absence de sympathie et d'affinités se révélait encore à la veille de la guerre de 1870. N'est-ce pas Clovis de Hohenlohe, le futur chancelier, qui écrit dans ses Mémoires en 1865 : « Le peuple de ces contrées (le Palatinat), « qui n'a jamais eu d'attachement pour la Bavière ni pour « l'Allemagne, supporterait très bien de passer à la France. »

Même après 1870, et après la formation de l'empire allemand, les Palatins et les Bavarois se « supportent aussi mal que le vin et la bière ». Les « têtes de Français » ne capitulent pas. Etre soldat se dit : « Etre obligé de partir chez les Bavarois », tout comme autrefois le père de famille, en parlant de son fils sous les drapeaux, disait : « Il est chez les Prussiens. » (Er ist bei den Preussen) (d'après Becker-Pfalz und Pfälzer).

Citons un dernier exemple du peu de sympathie des Palatins pour les Bavarois :

En 1874, le roi Louis II de Bavière fit desceller les frontons Louis XIV des portes de la ville de Landau et les fit transporter au château de Neuschwanstein, en Bavière.

La municipalité de Landau ne put obtenir la réparation de cet acte de vandalisme qu'en 1903.

Le fronton de la « Porte allemande » fut remis en place et l'inscription « *Nec pluribus impar* » retaillée dans la pierre.

Les fonctionnaires bavarois essayèrent bien de faire substituer les armes de Bavière à celles des Bourbons de France, mais leurs efforts furent vains.

Les Landoviens restituèrent au monument son caractère primitif.

« En 1904, il fallait une certaine hardiesse pour faire sculpter sur une porte de ville des emblèmes rappelant la domination française ! (1) »

Ainsi le Palatin a une antipathie marquée pour tout ce qui est Bavarois, tandis qu'il présente une certaine

(1) Watrin Léandre : *la Porte allemande de Landau et ses sculptures.*

inclination au caractère français, sentiment qui ne tarda pas à se manifester envers les Français de 1918.

A son arrivée, l'armée française trouva une population plongée dans l'angoisse, redoutant les pires représailles de ces soldats qui avaient vu leurs provinces dévastées et enduré tant de souffrances durant quatre années de guerre. Certains habitants, inquiets, s'étaient hâtés d'abriter au delà du Rhin ce qu'ils avaient de plus précieux. A la faveur même de ces craintes certains éléments louches essayaient de troubler l'ordre sous couvert de la révolution allemande.

Le spectacle des régiments français, disciplinés, calmes dans leur triomphe, les étonna tout d'abord et força leur estime ; les mesures d'ordre prises immédiatement par l'autorité d'occupation les rassura, tandis que le caractère bon enfant du poilu sut gagner leur amitié.

La presse ne tarda pas à se faire l'écho des sentiments qu'éveillait dans le pays une telle attitude, et c'est un Allemand qui écrit : « L'armée ne nous a exposés à aucun « froissement, l'autorité française a toujours sévi contre « les excès, elle est pour nous une bénédiction ; la tran- « quillité et le bon ordre règnent.

« Nous n'entendons, nulle part, de plaintes sérieuses; « ceci soit dit à l'honneur d'une armée dont les soldats « et les officiers sont, pour la plupart, originaires d'une « contrée de la France qui a été horriblement dévastée. « Ces gens-là ont non seulement perdu leurs biens, mais, « souvent encore, leurs proches parents ont été tués ou « sont morts victimes de mesures inqualifiables. »

Le *General Anzeiger* du 2 avril 1919 (journal de Neustadt) rapporte qu'une vieille femme de Landau, au départ d'un soldat qu'elle avait logé, lui fait en ces termes ses adieux : « Surtout si vous repassez ici, n'oubliez point de venir nous voir, il y aura toujours pour vous une bouteille de vin et des gâteaux ; vous êtes maintenant l'enfant de la maison. »

A Marienthal, à Dörrmöschel, les populations réclament des soldats au contrôleur de Rockenhausen.

Les meilleurs rapports s'établissent. Il n'est pas rare de voir le « poilu » paysan, amoureux de la terre, aider le cultivateur palatin à labourer son champ, faner son foin ou tailler sa vigne... sa vigne surtout !

Nos soldats des colonies participent à cette sympathie : « le 2 avril, les troupes noires se sont installées à Hambach. Les enfants des environs viennent se fournir à la cuisine des nègres que, depuis longtemps, ils ne considèrent plus comme ennemis. »

Quelle meilleure preuve d'ailleurs des sympathies des Palatins pour la France que le succès des cours de français organisés par l'autorité française et l'assiduité avec laquelle ils sont suivis.

« Envoyez-nous un professeur de français, écrit le maire de Rockenhausen, nous paierons s'il le faut. »

Les élèves de ces cours ont parfois des attentions touchantes pour leurs maîtres. Le 5 mars, un maître, titulaire d'une classe de fillettes de 10 à 13 ans, à la Volkschule (école primaire), reprenant son cours au retour d'une permission, trouve sur la table de la salle de classe deux bouquets de fleurs blanches avec l'inscription suivante : « Herzlich Willkommen in unserer Klasse » (cordiaux souhaits de bienvenue dans notre classe). Un sergent, titulaire, à la Winterschule, d'une classe d'adultes qui comprend près de 120 élèves, hommes et femmes, reçoit, au moment de sa démobilisation, un objet d'art et des fleurs, et l'un des auditeurs lui lit une adresse charmante exprimant les remerciements et les regrets de tous.

A Edenkoben, le maire, un vieillard de 65 ans, déclare : « Petit-fils d'un officier français du grand Napoléon, je tiens à l'honneur de m'inscrire le premier à ces cours, en dépit de mon âge, pour donner le bon exemple à mes concitoyens. »

Napoléon, dans l'illusion poétique et les fictions de l'esprit palatin, est une figure mystique, une sorte de héros sous les ordres duquel ils sont fiers d'avoir servi.

En mars 1919, plus de cent ans après le départ des Français, l'Administration française, soucieuse de rendre un hommage aux soldats originaires du Palatinat morts pour la France pendant les guerres de la Révolution et de l'Empire, fit un appel direct à la population. On fut obligé de créer un service spécial au quartier général de l'armée d'occupation tant était grand le nombre de ceux qui tenaient à faire figurer leurs ancêtres sur ce tableau d'honneur.

Les résultats de cet enseignement français furent si encourageants que l'autorité française fit étudier avec soin, notamment l'organisation de conférences, la création d'écoles techniques, la fondation à Kaiserslautern d'une université destinée à remplacer pour les étudiants palatins celles de Heidelberg et de Munich.

Ce fut le Regierungs-Präsident du Palatinat lui-même, M. de Winterstein, qui présenta, dans une étude très documentée, très complète, le projet d'une université destinée à ce Palatinat agrandi dont il avait étudié les limites possibles et dont il espérait bien, pour le cas où le traité de paix isolerait la rive gauche du Rhin du reste de l'Allemagne, devenir le premier magistrat.

Il terminait son rapport par ces lignes : « Le jour où « le Palatinat aura deux millions d'habitants et une capa- « cité d'impôts correspondante, il y aura lieu d'envisager « d'urgence la création d'une université importante. »

L'indifférence du gouvernement de l'époque à tout ce qui touchait aux questions rhénanes empêcha seule la réalisation de ces projets.

Il en fut de même au point de vue économique. Une exposition de produits français fut organisée à Deux-Ponts, première manifestation économique française en pays occupé. Mais rien ne fut fait en haut lieu pour encourager et développer cette heureuse initiative. Malgré cela elle eut un succès que la faible importance de la ville ne pouvait faire espérer et son rayonnement dépassa les limites du Palatinat.

La presse locale et régionale consacra, à plusieurs reprises, de longs articles à cette manifestation d'art, de goût et d'élégance. L'un de ces articles portait en exergue, attention charmante, cette phrase de Gœthe : « *Tout ceci nous apparaissait comme une vision lointaine de Paris et nous rendait tangible un aperçu de la ville* », et se terminait par ces lignes : « ... de nombreux habitants du Palatinat la visiteront certainement pour apprendre à connaître les produits de l'industrie française. Ceci amènera, forcément, un rapprochement et développera les relations pacifiques entre les deux peuples. » (*Pfälzische Mercur*, 28 avril 1919).

Le docteur Barth, chimiste à Landau, écrivit : « Je suis convaincu, moi aussi, que l'exposition sera favorable et utile à la reprise des relations économiques entre les deux pays. »

Le but de l'Administration française était de transformer cette exposition en une foire française, mais, nous l'avons dit, elle ne fut pas soutenue cependant que nos alliés américains et anglais mettaient à profit leur séjour dans les pays rhénans pour étendre le rayon de leur clientèle.

Ce complet abandon à elle-même de l'Administration française en Rhénanie de la part du gouvernement Clémenceau n'eut pas de plus regrettable effet qu'en ce qui concerne la presse.

Soixante-cinq journaux s'impriment dans le Palatinat, recevant leurs informations de l'agence Wolff et sont, de ce fait, les ouvriers, souvent inconscients, de la propagande allemande.

Il était tentant et facile pour des Français venant occuper ces pays en vainqueurs de substituer à cette source de renseignements pangermanistes une agence française. On essaya... des démarches furent faites, des pourparlers engagés, des projets établis... jamais rien ne fut décidé à Paris. Alors l'armée d'occupation fit elle-même, cet effort, trop au-dessus de ses forces : elle installa à Ludwigshaffen une agence de renseignements et d'informations, l'agence M. R. K. Mais que pouvait-on espérer des faibles moyens dont on disposait et qui se limitaient au seul poste récepteur de T.S.F. de l'armée, à peine capable au cours de la guerre de saisir les ondes qui apportaient le communiqué ? Cette organisation végéta et dut disparaître un jour, n'ayant fait qu'indiquer ce que l'on aurait pu faire et n'ayant que marqué une fois de plus l'insouciance coupable de nos dirigeants de 1919.

Parallèlement à cette agence d'informations on créa une revue franco-palatine destinée à faire connaître la France au Palatin et... le Palatinat à la France. Avec le *Rhin Illustré* à Mayence, cette revue, la *Pfälzische Woche*, devait être, dans l'esprit de ses fondateurs, un moyen de faire revivre les influences françaises d'autrefois et d'aviver les amitiés actuelles.

Est-il besoin de dire qu'elle vécut à peine un an et, peut-on dire, sans honte, qu'en France il se trouva des gens pour la discréditer en l'appelant (chose à peine croyable !) « Boche » ?

Ainsi ce fut la population elle-même qui vint à nous, par sympathie bien plus que par les pauvres efforts d'une administration qui n'avait comme soutien que sa bonne volonté et ses qualités françaises.

Le Palatinat ne compte pas de grandes villes internationales, comme Wiesbaden où l'intensité des affaires et la multiplicité des distractions font affluer les étrangers. Landau, Neustadt, Spire, etc., sont de petites villes à l'activité silencieuse et familiale. La « vie de garnison » y est forcément un peu monotone, aussi n'est-il pas rare de voir des familles bourgeoises : négociants, propriétaires, commerçants, industriels, députés, s'efforcer d'attirer dans leur intimité les officiers français qu'ils logent ou qui leur paraissent les moins distants, les moins froids, les moins prévenus ; et nous connaissons plus d'un camarade qui, ayant fait vœu d'isolement, de dignité froide et hautaine, s'est laissé peu à peu tenter par une amabilité persistante, des invitations réitérées, la perspective d'un salon illuminé où l'on parlerait de la « République » et où, entre deux morceaux de musique française, les meilleurs crus du Rhin alterneraient avec du kirsch de derrière les fagots.

Ces relations sympathiques, l'évêque de Spire et son vicaire général les connaissaient bien. Sans doute les curés les leur ont-ils dénoncées au cours des tournées de communion et de confirmation ! Il faut même croire que les pasteurs ont été très affirmatifs, car le vicaire général disait : « Votre action devient irrésistible, je le vois bien par la quantité de demandes de mariage. Patientez. »

Pour Spire seulement, ville de 18.000 habitants, 200 naissances franco-palatins étaient signalées au neuvième mois de l'occupation.

Telle fut la « lune de miel » de l'occupation française. Cette sympathie, cet accueil, furent dus en grande partie, nous l'avons vu, à la bonne et admirable tenue des soldats, à leur excellent esprit, à leur compréhension instinctive de la situation. Quel est celui qui ne s'était pas promis de tout saccager, de tout briser, de tout piétiner, de tout profaner en entrant dans la patrie maudite de l'impitoyable envahisseur ! Et voilà que, désarmé par un accueil inespéré, toujours correct, souvent cordial et bon enfant, plein de prévenances, de façons, de mots, de manières, comme on en trouve en France, il oubliait, surpris et presque ému, ses rancunes d'autrefois, sa colère, sa vengeance, et se prenait à aimer un peu ce pays, doux, fertile, riche, plantureux, si semblable, par ses gens affables, à la gaieté prenante et joviale, par ses filles accortes et rieuses, par ses coteaux piqués de vignes, par ses horizons calmes et ses clochers effilés, aux aspects les plus familiers, les plus aimés et les plus séduisants de la patrie qu'il avait quittée pour venir monter, sur le Rhin, « sa garde vigilante ».

Cette « pénétration pacifique » ne devait pas tarder à réveiller les vieux instincts démocratiques de l'âme palatine, dont les manifestations libérales avaient été jadis sabrées par les hommes de l'Est habitant leur pays de landes, de sable et de galets : Prusso-Slaves durs, pauvres, disciplinés et violents.

C'est à la naissance et à l'évolution de ces nouveaux sentiments que nous allons assister.

L'Idée d'Indépendance

Le développement de relations cordiales entre Palatins et Français fut favorisé par la confiance née de la sécurité de l'ordre et du calme maintenu par nos troupes, par l'éloignement de l'armée allemande et la fin de son prestige militaire, par l'insécurité et les troubles de la rive droite, par les excès politiques en Bavière, par les dispositions bienveillantes de l'autorité militaire française, ses mesures strictes mais peu tracassières, par les promesses économiques qui déjà pouvaient être esquissées, par des échos de pensées politiques émanées des meilleures sources et, enfin, par des articles presque quotidiens de la grande presse française sur les futures destinées rhénanes.

Les relations devinrent plus étroites, plus fréquentes, plus intimes entre officiers et notables, et bientôt se produisit, conséquence naturelle, l'éclosion des premières idées annexionnistes chez ceux, notamment, que leurs intérêts immédiats, de famille, de relations ou de commerce, poussaient instinctivement vers la France.

Les premières conversations s'échangèrent sur les idées d'annexion pure et simple, tout au moins l'annexion de

Landau et des cercles du Sud, étroitement liés à l'Alsace, davantage imprégnés de traditions françaises et où il n'était pas rare, aux officiers français en tournée dans les petits villages, d'être accueillis par les cris de : « Vive la France » (Région de Dahn et de Bergzabern). Des sollicitations individuelles d'annexion, tantôt pour un village, tantôt pour une ville ou une région, furent même adressées à l'Administration française.

Au cours d'une réunion de notables, tenue dans un hôtel de Landau, il fut nettement affirmé à un officier que si les populations de Kandel, Bergzabern, Dahn, Germersheim et Landau étaient soustraites, de par la volonté des Alliés, aux influences des fonctionnaires et de quelques pangermanistes notoires qui agissent sur elles par des menaces de représailles, et si elles étaient placées dans des conditions telles qu'elles puissent décider de leur sort librement, un referendum se ferait presque sûrement en faveur de la France.

Mais il était impossible de s'arrêter à ces tendances d'un milieu trop restreint et nullement représentatif de l'état d'esprit général de la population.

Quelques-unes de ces personnes comprirent qu'il était préférable qu'elles fissent abstraction de leurs idées et de leurs sentiments personnels, trop peu familiers aux masses et qui ne pouvaient être ouvertement discutés, pour se rallier à une idée plus nette, plus conforme au tempérament palatin, à son caractère, à l'histoire du pays, aux survivances révolutionnaires et même à l'esprit purement allemand — si supérieur et si opposé à l'esprit prussien — l'idée d'une république autonome, séparée de la Bavière et de la Prusse.

A cette époque, les sentiments d'hostilité à l'égard de la France, d'ailleurs soigneusement dissimulés, se limitaient à ceux de certains hauts fonctionnaires : universitaires, magistrats, etc., attachés à la « Kultur » prussienne. Les milieux industriels et commerçants restaient réservés dans la mesure où ils craignaient pour leurs intérêts. Quant à la masse de la population, elle s'était accoutumée à notre présence et se laissait aisément persuader des avantages qu'elle retirerait de notre occupation ou qui découleraient d'un rapprochement avec la France.

Dans cet état de choses la politique que l'Administration française devait suivre devait s'inspirer d'abord des principes généraux formulés par le Président Wilson au point de vue des règlements territoriaux : « Tout règlement territorial doit être fait dans l'intérêt des populations en cause et non pas comme partie d'un arrangement ou d'un compromis de revendications entre Etats rivaux » (discours du 11 février 1918) ; ensuite de données historiques, militaires, qui exigent de régler les questions rhénanes et palatines dans le sens de la sécurité de l'Occident et de la paix générale et cela sans porter atteinte aux droits qu'ont les populations de disposer d'elles-mêmes ; puis enfin d'un programme économique tendant à établir entre les pays rhénans et la France un courant d'échanges aussi intense que possible et tendant également vers une union économique qui, pour être complète, devrait englober le Luxembourg et la Belgique.

Il fallait, en un mot, poursuivre dans le Palatinat une œuvre de *protection politique et économique.*

N'est-ce pas d'ailleurs le sens qu'il faut attacher à ces lignes du Ministre des Affaires étrangères : « Faire comprendre aux populations rhénanes que la prospérité de leur pays ne dépend pas nécessairement des liens politiques avec la rive droite et que la décision qui sera prise à leur égard n'ira pas à l'encontre de leurs propres intérêts » (1).

Cette politique supposait nécessairement que les populations rhénanes seraient libérées de tout ou partie de leur contingent de réparations et d'indemnités de guerre,

(1) 11 mars 1919.

sauf en ce qui concerne certains revenus d'Etat et une part de contributions à notre dette de guerre. Elle exigeait en outre que l'on respectât l'unité territoriale historique et traditionnelle du pays.

Ainsi compris, ce plan de politique économique devait avoir fatalement pour résultats :

1° L'union économique du Palatinat avec la France ;

2° La proclamation de l'indépendance politique du pays.

Quelles en furent les réalisations ?

L'armistice du 11 novembre 1918 imposait le devoir de conserver au Palatinat toute sa *valeur de gage.*

On pouvait avoir deux conceptions de ce devoir : la première, étroite, statique, se bornant au maintien, à la conservation des stocks existant à une date déterminée ; la seconde, large, prévoyante, active, s'inspirant du développement du programme politique et économique ci-dessus.

Elle peut se définir ainsi : *développement de la valeur du gage par la continuation de la production.*

Son but est d'empêcher le pays, coupé de l'extérieur par les conditions d'armistice, de mourir de « pléthore et de disette », car trop de semaines d'indécision et d'inactivité avaient déjà compromis la vie économique du Palatinat. Pour cela il fallait favoriser les échanges et voir large dans les autorisations de dérogations tout en tenant compte des besoins et des possibilités du pays sans entraver le commerce français ou favoriser le mercantilisme.

Dans l'industrie on devait provoquer la contribution des capitaux français et prendre contact avec les organisations ouvrières.

C'est ainsi vers un plein fonctionnement, sous notre contrôle et avec nos capitaux, que l'Administration française eût voulu diriger l'activité de cette admirable organisation industrielle de la « Badische Anilin und Soda Fabrik », de Ludwigshafen, qui emploie 15.000 ouvriers à la fabrication des matières colorantes. Des volontés extérieures, des décisions contradictoires envisageant tour à tour la réquisition ou l'achat, puis le *statu quo*, ne permirent pas de faire une industrie française de cette unique et inestimable source de richesses. Elle fut cependant remise en activité sous la direction allemande, après d'inutiles froissements, de vaines vexations, qui avaient indisposé, sans nécessité, patrons et ouvriers, ralenti la production et compromis la valeur intégrale du gage. En outre, en vertu de ce principe que le patriotisme ouvrier est fonction des satisfactions matérielles, nous remîmes ainsi de gaieté de cœur, sous la direction et l'influence de la social-démocratie, des ouvriers prêts désormais à obéir passivement à tous les mots d'ordre qui leur seraient donnés pour s'opposer, par la violence même, aux influences libérales françaises.

En Allemagne, plus qu'en aucun autre pays, la situation financière est liée à la situation économique. En Palatinat, les banques sont les auxiliaires indispensables des industriels et des commerçants. L'exemple vient de haut. Le gouvernement bavarois possède une banque « la Stat Bank » qui joue, en Bavière, le rôle de la Trésorerie générale en France et est, en même temps, au premier chef, une banque pour l'encouragement du commerce et de l'industrie. Les fonds publics disponibles sont mis par elle dans le courant des affaires et ses bénéfices sont minimes eu égard au chiffre d'affaires traité, son but principal étant, non pas de faire des bénéfices, mais de mettre des capitaux à la disposition du commerce et de l'industrie. L'exemple ainsi donné est suivi par les autres établissements. Les transactions sont excessivement simplifiées et tous les industriels et commerçants, même les plus petits, sont familiarisés avec la pratique des usages bancaires. Les banques ont une connaissance approfondie du marché et sont en mesure de fournir rapidement tous les renseignements sur les industriels et commerçants de leur rayon.

Au lendemain de l'armistice, les relations économiques et financières du Palatinat avec l'extérieur avaient été suspendues et les banques palatines empêchées de correspondre avec la rive droite où elles avaient, qui des succursales, qui l'établissement central dont elles dépendaient. Il en était résulté un arrêt des affaires, une accumulation dans les caisses d'une masse de valeurs improductives.

Au début de mars, il fut décidé que quatre banques seraient agréées pour effectuer, sous le contrôle d'une sous-section financière, le règlement des opérations effectuées avec la rive droite.

Cette mesure prise par l'autorité française provoqua le dégorgement des caisses de crédit et un regain de l'activité économique. Mais il eut fallu pour obtenir un plein résultat que cette activité puisse s'exercer au delà des frontières palatines de l'Ouest, c'est-à-dire la France, et du Sud, l'Alsace-Lorraine. Celles-ci demeurèrent infranchissables aux matières premières que nous offrait le Palatinat et qui nous manquaient (papier, bois, briques, poteaux, etc.). Car si l'autorité d'occupation paraissait jouir encore à cette époque d'une grande liberté d'initiative sur le territoire qu'elle administrait, elle n'était en vérité que livrée à elle-même, *sans directives*, et, par là, dans l'impossibilité d'obtenir ou même de provoquer une mesure correspondant aux buts qu'elle s'était elle-même tracés.

Ce fut surtout sur la vie intérieure de la province qu'elle exerça son influence. Le Palatinat ayant eu de tout temps recours à l'importation des denrées alimentaires, il était nécessaire de maintenir, pour un temps encore, le régime des restrictions de la période de guerre. Mais afin d'éviter que l'autorité allemande ne commette des inégalités dans les livraisons, au bénéfice de la rive droite par exemple, pour rendre ensuite responsable de la pénurie de vivres sur la rive gauche l'occupation française (système de propagande maintes fois employé depuis), on créa un office de ravitaillement pour contrôler la répartition.

On diminua également le nombre des chômeurs, le ravitaillement de la population fut amélioré, etc.

Ainsi, par ces mesures économiques et sociales, on gagnait peu à peu le peuple rhénan.

Ce fut grâce à une organisation dont les caractéristiques étaient la simplicité, la connaissance des besoins, le contact permanent et immédiat entre administrateurs et administrés, l'unité de direction, la décentralisation et la rapidité dans l'exécution, l'esprit de suite, que le régime exceptionnel fait au Palatinat par l'armistice put être supporté par cette province.

Mais, en avril, une organisation nouvelle fut mise en vigueur pour l'ensemble des pays occupés. Elle comportait les organes suivants :

1° A Paris, la « Commission Interalliée pour les territoires rhénans », qui étudiait, au nom des gouvernements alliés, toutes les questions d'ordre général et économique et élaborait les décisions de principe ;

2° A Luxembourg, un « Comité Interallié des territoires occupés », qui était chargé de l'examen des affaires et de l'exécution du service par délégation du maréchal Foch ;

3° A Crefeld pour la zone belge, à Cologne pour la zone anglaise, à Trèves pour la zone américaine, à Mayence pour la 10e armée française, à Ludwigshaffen pour la 8e armée, à Sarrebrück pour la région de la Sarre, fonctionnaient des sections économiques placées sous le commandement des généraux d'armée et dépendant de l'état-major intérallié de Luxembourg.

Pour la répartition du charbon, il fut institué, en dépendance de l'état-major de Luxembourg et en liaison avec la Section économique, les « Commissions » de Cologne et de Sarrebrück.

Les questions financières et le ravitaillement étaient également du ressort de l'organisation économique des pays occupés. Enfin, certaines spécialités fonctionnaient sous sa dépendance plus ou moins directe : à Mayence, une sorte d'inspection du contrôle des produits chimiques ; à Paris, un bureau des relations commerciales, etc., etc.

Cette organisation avait pour objet d'assurer le contrôle de la production de l'industrie allemande, de surveiller l'exécution des clauses de l'armistice, d'assurer néanmoins, au moyen de dérogations à ces clauses, la vie économique du pays.

Les principes qui inspirèrent, ou du moins durent inspirer, les mesures prises furent les suivantes : ne rien permettre qui favorise les pays ennemis sans bénéfice ou compensation pour les Alliés, assurer la vie économique des pays occupés afin que la misère et le chômage ne créent pas de difficultés aux troupes d'occupation, préparer l'avenir en conformité de la politique économique des Alliés.

Malgré la complication inutile et par conséquent nuisible que présente l'existence de trop d'organes « à côté », s'occupant « à part » de questions qui ne sauraient se séparer, il semble, au premier abord, que l'organisation décrite présentait une certaine harmonie ; mais c'est une illusion que les faits ne tardèrent pas à faire évanouir.

La Commission Interalliée de Paris n'avait aucune autorité propre. Elle se bornait à émettre des vœux. Ces vœux n'étaient transformés en règles que lorsque les gouvernements s'étaient mis d'accord. Le Comité de Luxembourg, composé de représentants de toutes les armées alliées, ne savait, lui non plus, avoir une autorité propre. Un comité ne pourra jamais être un organe de commandement. Celui-ci pouvait fournir au maréchal commandant en chef les éléments de ses décisions mais il aurait fallu alors que ces décisions fussent prises dans la forme militaire et exécutées à ce titre.

Or, le Comité agissait directement et perdait ainsi — nous en verrons les conséquences — l'autorité que lui conférait la personnalité du Commandant en chef. En fait, les armées étrangères ne tenaient aucun compte des ordres du Comité ; chacune agissait selon ce qu'elle croyait être l'intérêt particulier de la nation qu'elle représentait.

Les inconvénients de cette *méthode* ne tardèrent pas à se faire sentir dans le Palatinat au triple point de vue moral, commercial et politique.

Au point de vue moral, en donnant aux populations palatines, habituées par tradition à la discipline économique, une impression de désordre à laquelle ne les avaient pas habituées les décisions rapides, nettes, catégoriques, du début de l'occupation. Cette impression fut très préjudiciable à notre prestige social et militaire, d'autant plus que notre timidité et notre respect des décisions interalliées nous firent apparaître dans un rôle de dupe.

Au point de vue commercial, en créant des complications, des frottements, des retards exaspérants. Les moindres des doléances des intéressés étaient la lenteur des dérogations, l'impossibilité des transports, les complications paperassières, les formalités de dédouanement. Aussi, la grande presse française ne cessait alors de se faire l'écho des réclamations qui s'élevaient de tous côtés. Et ces réclamations s'élevaient avec d'autant plus de force et de raison que les décisions de la Commission Interalliée n'étaient appliquées strictement, comme nous venons de le dire, *que dans la zone française* (1).

D'autre part, en multipliant les prohibitions, on multipliait des échanges frauduleux, on faisait sortir de terre des agents louches dont les agissements déconcertaient les honnêtes gens et contribuèrent au renchérissement de la vie par les gains prodigieux réalisés parfois sur des produits de première nécessité (2).

(1) L'Allemagne est envahie par les acheteurs étrangers qui profitent du change pour vider tous les stocks accumulés pendant la guerre.

(2) « A la foire de Leipzig, les maisons allemandes ont vendu tout ce qu'elles avaient en magasin, et ces marchandises, payées en marks,

Au point de vue politique, ces errements furent avec l'annexion de la Sarre qui privait le Palatinat de la totalité des ressources charbonnières de son propre territoire, les causes principales de l'échec d'une politique séparatiste. Cette politique ne pouvait, dans ce pays, s'appuyer que sur les mesures économiques réalistes et à larges vues qu'avait devinées et préconisées, comme on l'a vu plus haut, l'Administration française, qu'elle avait amorcée mais que, par la suite, elle avait été dans l'impossibilité absolue de poursuivre et de faire triompher.

Nous verrons plus loin comment la Prusse sut exploiter, pour le grand bien de la nouvelle centralisation allemande du Reich et de la reconstitution militaire, l'état d'esprit des populations déçues, découragées, qui ne pouvaient plus compter sur l'appui total de notre action économique, base de leur réconfort moral et de leur émancipation politique !

Le 17 janvier 1919, eurent lieu les élections à l'Assemblée Nationale et à la Diète de Bavière. Il n'y eut pas d'incidents.

assurent à leurs acquéreurs des bénéfices considérables. Suisses, Hollandais, Scandinaves et Espagnols enlèvent tout. Les Anglais et les Américains ne restent pas en arrière, il y a peu de Français, et ceux qui viennent ici se plaignent des difficultés sans nombre auxquelles ils se heurtent. » (*Temps,* 2 octobre 1919.)

« Ce serait très bien si l'ordre du maréchal Foch était exécuté par tous les Alliés. Or, les commerçants d'Aix-la-Chapelle (secteur belge), de Cologne (secteur anglais) et villes avoisinantes, obtiennent toutes facilités de circulation et toutes autorisations d'exportation sur la rive droite, à condition qu'ils achètent leurs marchandises à des maisons belges (1er secteur) ou à des maisons anglaises (2e secteur). S'ils s'adressent à des maisons françaises « refus catégorique ». (Emmanuel Brousse, *Journal* du 21 mai 1919.)

« Quant aux commerçants honnêtes qui veulent importer de France des objets qui nous manquent depuis longtemps, on leur refuse les autorisations nécessaires. J'ai rencontré à Strasbourg un notable commerçant parisien qui voulait importer de la batterie de cuisine émaillée ; impossible d'obtenir l'autorisation. Un concurrent moins scrupuleux a obtenu toutes les autorisations qu'il désirait par des participations illicites dont la découverte a fait arrêter à Mayence les bénéficiaires. » (*Temps,* 2 octobre 1919.)

A l'Assemblée Nationale de Weimar, la répartition des sièges pour le Palatinat fut la suivante : 2 au parti social-démocrate, 2 au parti populaire bavarois (centre catholique), 1 au parti populaire allemand (conservateurs), 1 au parti démocrate allemand.

A cette époque l'horizon politique international était encore clair. La France parlait et semblait encore écoutée. Les échos de son activité diplomatique étaient assez nets, dans la presse et dans l'opinion universelle, pour qu'ils puissent inspirer une ligne de conduite à l'autorité militaire, une attitude libre de toute contrainte et de toute crainte à la population, une réserve respectueuse aux éléments irréductibles et hostiles : chefs de la Social-démocratie et fonctionnaires bavarois, les deux grands corps disciplinés, l'armée ne comptant plus, de l'Allemagne prussianisée.

« La Social-démocratie allemande, disait le prince de Bülow, est exactement constituée sur le modèle et dans l'esprit de l'armée prussienne. »

Il semble que l'heure des réalisations était proche. La politique de l'autorité d'occupation était en harmonie de principes avec tous ceux, grands philosophes, grands politiques, grands historiens, etc., qui ont senti, au cours de ce siècle, l'influence néfaste, sur l'Allemagne et sur le monde, de la Prusse.

« La supériorité sociale et le pouvoir militaire de la caste des junkers inspirent à tous les Allemands un respect et une crainte qui les rendent incapables de résister à ses ordres. Tant qu'il restera un corps d'officiers recrutés parmi les junkers, l'Europe ne peut être sûre que les Allemands ne se remettront pas à leur obéir et à prendre une attitude belliqueuse. » (Ch. Seignobos.)

La suprême garantie de la paix est dans une Allemagne à jamais libérée de la caste prussienne et reprenant le cours de ses destinées libérales interrompu par Bismark, les Hohenzollern et toute leur politique d'hypocrisie, de ruse, d'arbitraire et de violence ; une Allemagne s'insérant harmonieusement dans le statut politique d'une Europe nouvelle mieux équilibrée et mieux coordonnée.

Et, dès lors, la politique claire, franche, loyale, menée au grand jour, de l'Administration française sera d'accueillir, de rassurer, de soutenir, de protéger toutes les manifestations populaires qui serviront le but qu'elle se propose.

Le 22 février 1919, une assemblée de notables se réunissait à l'hôtel Schwan, à Landau ; 45 personnes y assistaient, dont deux députés à l'assemblée nationale : MM. Richter et Hoffmann, du centre. Toutes étaient émues par les derniers événements. Berlin et Munich en proie à l'émeute, tandis que le calme et l'ordre régnaient dans le Palatinat. La France, rayonnante de prestige, apparaissait comme la libératrice. Il semblait que l'heure décisive qui devait fixer les destinées du Palatinat fût arrivée. Une courte discussion fut suivie d'un discours du député Hoffmann : « Je crois qu'en ce moment la différence est très légère entre le Russie et l'Allemagne. Ce qui se passe à Berlin est indescriptible. En plein jour, on fusille là-bas des hommes inoffensifs : nous sommes des Allemands, mais il nous répugne que l'histoire du monde, conduite pour des rêves impérialistes par une puissance césarienne enserrant le monde entier dans ses filets, soit écrite avec des hécatombes de sang humain. Nous autres, sur le Rhin, nous pouvons regarder en arrière, tourner nos yeux vers l'histoire millénaire. Nous éprouvâmes un frémissement, le 1er août 1914. Puis, pendant 4 ans, nous avons entendu le bruit du canon. Nous avons tremblé, saigné, pleuré, à cause de cette entreprise criminelle et désolante. Maintenant, l'histoire mondiale a tourné une feuille, et nous voilà dans des temps nouveaux. Le jugement des peuples est rendu. Le cœur opprimé, nous sommes devant le fait : un peuple mal conduit a sombré du haut de sa civilisation dans une barbarie abominable, dans le bolchevisme et la lutte fratricide. J'ose le dire sans périphrase: ici, nous n'avons jamais eu de sentiments militaires prussiens ; au Palatinat, nous n'avons jamais rien donné au « Kriegsverein ».

Comme pays-frontière, nous savons ce que c'est que d'imposer la guerre à des nations civilisées. Le devoir le plus élevé et le plus urgent d'un peuple civilisé est aujourd'hui d'empêcher la guerre. Nous le proclamons, le Rhin est notre fleuve à nous, celui de notre pays natal. A l'avenir, il ne devra plus passer sur ses ponts un flot humain qui tombera, immolé, pour les idées démentes d'égoïstes tout-puissants, pour que la folie de quelques-uns soit réalisée par lui. Voici la leçon que nous voulons tirer de ces quatre dernières années : Humanité et Fraternité ! Nous pouvons ressentir des sentiments patriotiques. Cela, nous le prouvons, en recherchant comment nous allons protéger notre Palatinat. Nous vivons une heure grave, dans une ville qui personnifie vraiment la vie palatine. Nous sommes en train de redevenir ce que nous fûmes ! Je comprends le socialiste, qui n'a pas de patrie, car le berceau de la plupart de ces gens-là est dans une de ces maisons géantes, presque des casernes ! Ils n'ont pas de maison paternelle, pas de pays natal, donc pas de patrie. Nous, nous avons notre maison paternelle, nous avons un pays natal, c'est le nôtre à tous, celui qui inspire à nos cœurs un sentiment ineffaçable. Combien de fois notre pays natal a été morcelé ! Qu'il prospère maintenant sous la protection du Droit et de la Paix des Peuples, notre pays de civilisation et de travail prospère ! Ce n'est pas la haute trahison, mais le souci et l'angoisse que nous causent les intérêts de notre pauvre population, qui nous ont incités à l'action. Si nous parvenons à nous faire donner, sous la protection des nations qui sont sorties victorieuses de la guerre, notre pays natal, notre petite patrie, nous serons parvenus alors à une grande chose : au bonheur du Palatinat... »

A l'issue de cette réunion, les assistants votèrent une résolution pour que le texte en soit transmis à la Conférence de la Paix, à Versailles :

« Un très grand nombre de Palatins désirent voir se constituer une république autonome du Palatinat.

« Ceux qui représentent cette idée sont convaincus que la réalisation de ce plan ne peut se faire qu'en accord avec la Conférence de la Paix.

« S'appuyant sur le principe du droit de libre disposition des peuples, ils prient Monsieur le Général commandant l'armée du Palatinat, de vouloir bien transmettre ce désir à la Conférence de la Paix. La façon dont on pourra entreprendre l'exécution de cette idée dépendra de l'avis donné par la Conférence.

« Landau, 22 février 1919. »

Une copie de ce document historique fut portée par un officier supérieur au maréchal Foch qui fit répondre que, sous peu, les Palatins pourraient parler ouvertement et que des garanties leur seraient données pour qu'ils puissent agir *sans avoir à craindre le retour des autorités allemandes.*

En attendant, et pour être prêt à toute éventualité, un conseil des notables se constituait, le 31 mars, qui, destiné à servir jusqu'à nouvel ordre d'intermédiaire entre le commandement et la population pour toutes les questions économiques, aurait pu, avec quelques modifications indispensables de personnes, se transformer, le cas échéant, en comité politique provisoire, apte à préparer l'orientation des futures destinées du pays.

Cette période coïncidait avec les troubles de Berlin et de Munich, les grèves de la Ruhr et l'arrêt des chemins de fer en Allemagne non occupée. C'était le temps où une vieille dame allemande, mère de trois officiers, s'adressant à un officier français, lui disait : « Décidément, nous n'avons plus de patrie, nous n'avons plus qu'un foyer ».

A ce moment il semble bien que la France n'a qu'un

signe à faire pour que naisse, sans l'ombre d'opposition, la République palatine !

Les impressions recueillies dans la population étaient concordantes et symptomatiques. A Hombourg, Waldsée, Germersheim, etc.,.. en particulier.

Mais surtout, ce que voulaient, ce que réclamaient les populations, c'était une prompte décision. Seule une solution rapide, tant au point de vue politique, *qu'au point de vue économique,* leur aurait permis de manifester hautement leurs sentiments et leurs sympathies, sans avoir à craindre de représailles de la part des autorités bavaroises.

Décision ! Décision ! voilà la note caractérisque de cette fin de mars. On sentait que le degré de température politique ne peut plus être dépassé sans danger. Le désir, la volonté, s'affirmaient dans les yeux ; c'était une ambiance plutôt qu'une opinion exprimée et affirmée et personne n'échappait à l'influence de cette heure qu'on sentait décisive. « Faites vite, donnez le signal, c'est le moment ! »

C'est que, déjà, les Républicains devinaient, sentaient, l'œuvre de réaction qu'élaboraient dans l'ombre et en secret, les dirigeants officiels ! Ils flairaient le danger, invisible encore, mais certain.

Cette ambiance, ces désirs inexprimés, cette volonté latente, ces sympathies craintives, étaient là, certes, des éléments d'appréciation, mais suffisaient-ils à caractériser les aspirations politiques intimes d'un peuple ?

Ne confondait-on pas, avec ces aspirations, de simples sentiments généraux d'amitié ou de sympathie qui ne comportent aucune préférence politique et, à plus forte raison, aucun système nouveau de gouvernement ?

C'est profondément exact, mais c'est juger avec notre mentalité occidentale de citoyens rompus à la pratique des libertés politiques, de citoyens chez lesquels l'organisation n'a pas tué l'initiative individuelle, systématisé les ambitions, asservi les consciences et substitué la « culture méthodique » à la vraie civilisation qui exige toujours, pour fouetter les intelligences, sa part d'irrationnel, d'imprévu et de hasard !

Le Rhénan, le Palatin possèdent ces qualités occidentales ou, plus exactement, il les a possédées et, sans le Noske de 1859 qui s'appelait Bismarck, elles eussent engendré, dans un système fédéraliste, les mêmes libertés politiques et le même statut social que, peu à peu, se donnait la volonté française.

Mais la Prusse, représentant la « grande force réactionnaire dans la politique internationale » (1), s'est dressée comme un obstacle sur la route du progrès politique des peuples rhénans et, depuis, ces peuples, privés de personnalité politique, n'ont cessé de vivre « dans un état de minorité et de tutelle ». « Politiquement, l'Allemagne devenait une Espagne plus prospère ».

Voilà, nous ne cesserons de le répéter, l'histoire qu'il faut revivre et méditer pour comprendre tout ce qu'il y avait de frémissement latent et de devenir puissant dans ces manifestations d'instinctive sympathie qui pouvaient et devaient devenir la base morale de la rééducation politique du peuple palatin, démocrate par tradition, allemand par réalisme et par intérêt (2), anti-prussien par tempérament !

Quoi qu'il en soit, fin mars, cette masse nous était acquise ; il ne suffisait plus que de la comprendre, de la deviner, de la guider, de la maintenir dans le calme et la sécurité, de lui donner les possibilités de se développer et de prospérer par le travail.

C'est ce que comprenaient parfaitement, la mort dans l'âme, les pangermanistes agrariens ou nationaux-libé-

(1) Charles Sarolea : *le Problème anglo-allemand.*

(2) Mot de M. Albert Sorel sur les populations rhénanes : « Le pouvoir qui améliorera leur sort et les traitera le plus favorablement aura toutes leurs sympathies. »

raux : Gebhardt, Katholi, etc. (1), le député social-démocrate Profit. C'était, hier dans le Palatinat, la volonté bavaroise, leur volonté. Qui sait si demain ce peuple ne va pas leur échapper, inspiré par les principes de liberté que leur apportent les Français ?

Tels étaient les sentiments de la population palatine ; il importe de savoir comment, au même moment, ces sentiments étaient traduits par les 56 journaux qui constituent l'ensemble de la presse palatine.

Rappelons-nous, à ce sujet, qu'en province, les journaux locaux dépendent des autorités et que le gouvernement a le monopole ou le contrôle des agences de nouvelles.

Si nous ne pouvons, pour cette raison, espérer y trouver le reflet exact de l'âme et des pensées populaires, nous aurons — ce qu'il n'est pas moins précieux et indispensable de connaître — des indications instructives sur les concessions prudentes et les modifications d'attitude que l'état général des esprits impose, même aux feuilles les plus conservatrices ou les plus inféodées au parti socialiste gouvernemental.

Nous sommes à cette époque décisive (fin mars 1919), où le prestige français est intact et la volonté française, sinon connue, du moins nettement supposée.

De nombreux articles donnent comme acquise l'éventualité du Rhin, frontière militaire, et la tendance générale de la presse palatine est de limiter la discussion à la forme administrative à donner aux territoires de la rive gauche.

L'organe du parti socialiste gouvernemental, la *Pfälzische Post* demeure, par définition et par principe, hostile à la séparation, mais, le 29 mars, il reconnaît que la Bavière a toujours traité le Palatinat en enfant pauvre !

(1) Gebhardt, député de Lauterecken ; Katoli, président de syndicats agricoles.

C'est un indice inconstestable de la pression des sentiments populaires !

L'organe du parti démocrate allemand, le *Speierer Zeitung* du 22 mars, s'élève aussi contre la séparation, mais moins nettement, et l'on y trouve ces idées, concessions faites au sentiment populaire : « La négligence économique que le Palatinat a subi de la part de la Bavière, la pression de l'hégémonie du centre qui, pendant tant d'années, a pesé si lourdement sur le pays, ont, peu à peu, détaché de la Bavière une grande partie de la population palatine et fait éclore le désir d'une séparation. »

L'organe du parti populaire allemand, le *Pfälz Kurier* du 19 mars 1919, prend assez nettement position : « Le temps n'est plus de formuler des souhaits... un seul droit nous reste : celui d'accepter une union à un autre Etat, à la Hesse par exemple. » L'orateur voit quantité d'avantages à cette union, à la condition que le Palatinat soit agrandi. Il veut, toutefois, un pays organisé en Etat autonome, dans l'empire, comme l'était la Bavière précédemment.

La *Pfälzische Rundschau* du 31 mars demande le *bassin de la Sarre.*

Le *Pfälz Kurier* du 22 mars publie un article de l'avocat Stenglein : « Il nous faut notre Palatinat avec Sarrebrück, Kreusnach, Meisenheim, Sponheim, Birkenfeld et les territoires du Nord qui lui ont appartenu. »

Les organes du parti populaire bavarois *Pfälzer Zeitung*, etc., mènent une campagne séparatiste très active en faveur d'une république rhénane. Cependant, le *Rheinpfälzer* du 21 mars, écrit : « Mieux vaut un Palatinat autonome, d'un million et demi d'habitants, doté d'une liberté complète, équilibré au double point de vue industriel et agricole, possédant des débouchés sur la mer et libre de pouvoir commercer avec l'Est comme avec l'Ouest ».

En résumé, les organes des différents partis palatins proclamaient leur *attachement à l'Allemagne*, mais tous, sauf les organes du parti S. D. majoritaire, admettaient l'idée d'une séparation d'avec la Prusse et la Bavière et discutaient sur la forme et les limites à donner au nouvel Etat, la nature et l'étendue des rapports qui le relieront à l'Allemagne.

Deux journaux de Spire, la *Pfälzer Zeitung* et le *Rheinisches Volkesblatt* (centre), promettaient même leur concours politique pour le jour où la république serait proclamée (1).

Les sentiments de désaffection des Palatins à l'égard des Prussiens et des Bavarois n'influençaient pas seulement la presse palatine. De grands organes de l'Allemagne non occupée s'en émouvaient et en recherchaient les causes tel, à titre d'exemple caractéristique, l'organe officiel du centre catholique bavarois (2).

L'attitude théorique générale des partis (3), à cette époque de l'histoire politique du Palatinat (mars), est donnée par la presse ; en fait, dans la réalité quotidienne, les chefs des fractions palatines de ces partis recherchaient des accommodements pour le jour, qui semblait proche, où

(1) Docteur Wülk au contrôleur de Spire (mai 1919).

(2) « L'organe officiel du centre catholique bavarois, *Augsburger Postzeitung*, constate l'indéniable désaffection des Palatins pour la Bavière et en explique les motifs. D'abord la maladresse et le manque de tact des fonctionnaires bavarois qui froissent les susceptibilités des Palatins et ensuite la méconnaissance complète des besoins économiques du pays, les mesquineries budgétaires, l'incurie au sujet du développement des voies ferrées, les mauvaises communications avec la Sarre, l'Alsace et Bade.

« L'instruction publique n'est pas mieux partagée : Ludwigshafen n'a pas de gymnase d'Etat malgré une population de 100.000 habitants. On a enlevé au Palatinat son école forestière. Le Palatinat n'a ni musées, ni théâtres, malgré le régime actuel qui détruisit beaucoup et ne créa rien. Enfin les catholiques et aussi les protestants redoutent la politique religieuse et scolaire du nouveau régime. » (*Temps*, 6 juin 1919.)

(3) Aux élections de janvier 1919, les suffrages palatins se sont ainsi répartis : conservateurs (parti populaire allemand), 88.000 ; centre (parti populaire bavarois), 124.000 ; parti démocrate allemand, 59.000 ; parti socialiste majoritaire, 171.000 ; socialistes indépendants, 7.000.

la France affirmerait sur le Rhin la politique que l'Administration française laissait prévoir : frontière militaire du Rhin, autonomies rhénane et palatine.

A ce moment l'attitude des chefs de la Social-démocratie est singulière, ou plutôt elle est toute l'âme prussienne, souple ou insolente tour à tour. Car c'est une importation prussienne que la Social-démocratie et ses chefs n'ont rien de commun avec la population palatine, franche, sans esprit d'intrigue, seulement travailleuse.

Des mesures très heureuses ayant été prises par l'autorité française pour le ravitaillement des ouvriers de Luswigshaffen et de Frankenthal, pour l'assistance aux chômeurs, etc., une sorte de désagrégation s'était produite dans le bloc social-démocrate, désagrégation que venait augmenter encore l'hostilité des socialistes indépendants.

Soucieux alors avant tout de conserver leur clientèle électorale, mus par leur intérêt personnel, qui leur conseillait de ne pas briser le lien qui les unissait à leurs troupes, décidés à s'adapter aux conditions politiques nouvelles, si elles se réalisaient, à exploiter un retour de fortune, s'il se produit ; ils se déclarèrent, en quelque sorte, de même que leurs alliés naturels, les chefs conservateurs, des *républicains conditionnels !* des ralliés avant la lettre !

Ils savaient la volonté manifestée de la France ; la presse française leur en avait apporté les échos et, d'autre part, les résistances diplomatiques n'étaient pas encore apparues.

Cette volonté, ils la respectaient : c'était le « Tatsache », le fait accompli ; il n'y avait qu'à s'incliner. Pour eux, le droit, c'est toujours la force.

Et, dès lors, ces chefs conservateurs et socialistes-démocrates n'eurent qu'une idée, qui aurait été pour le moins prématurée chez les hommes de conscience et de conviction politiques : prendre position en vue de l'avenir en s'accommodant du présent.

Telle fut toujours d'ailleurs, on le verra plus tard, la

politique des socialistes-démocrates, celle même qui, le 6 juin 1920, les obligera à quitter le pouvoir.

Ces chefs, nous les avons vus, nous nous sommes longuement entretenus, à ce moment, avec la plupart d'entre eux. Retenons leurs noms, nous les retrouverons, c'étaient les Gebhardt, les Katholi, conservateurs ; Profit, socialiste majoritaire ; c'est M. de Winterstein, Regierungs-Präsident du Palatinat, délégué du roi de Bavière, *maintenu* dans ses fonctions administratives *par le gouvernement révolutionnaire !*

Quelle fut leur attitude ? Oh ! très nette. Ils sentaient que les populations déjà conquises moralement penchaient du côté où elles espéraient trouver des avantages économiques et financiers précis : ravitaillement, charbon, matières premières, etc. Or, ces satisfactions, tout le monde le sentait, dépendaient alors plus que jamais de la volonté et de la protection française !

Et alors, par calcul, par intérêt, par hypocrisie aussi sans doute, par ambition personnelle, désireux de jouer un rôle politique possible, ces hommes s'aplatissaient devant le commandement, feignaient la plus grande déférence, se rendaient sur-le-champ à ses convocations, donnaient l'illusion d'auxiliaires dévoués !

Leur situation politique ou sociale ? Ils l'avaient, pour la plupart, conquise sous le régime royal bavarois ; certes ils eussent préféré la conserver sous le même régime, mais, plutôt que de la perdre, ils suivaient le mouvement !

Leur excuse ? Ils la trouvent dans le « Tatsache », ce fait de demain qui déjà ralliait la volonté populaire ou, tout au moins, donnait une orientation à ses désirs.

C'est dans cet état d'esprit qu'ils furent amenés à se prononcer sur la conception politique qu'ils jugeaient préférable pour leur pays et, tous, après l'invocation au « fait accompli », tous : Gebhardt, Katholi, Zapf, Profit, etc., se déterminèrent pour un Etat républicain, séparé de la Bavière, agrandi de certains districts du Nord et de l'Ouest et du Birkenfeld.

Le député conservateur Gebhardt avouait, après le journaliste Stenglein, que la grande masse des paysans était sans volonté affirmée et serait acquise, corps et âme, au pouvoir, quel qu'il soit, qui améliorerait son sort ; et il ajoutait, cyniquement ou candidement : « Il ne faut pas les laisser dans l'indécision, il faut les mettre en présence du « fait accompli » ; ils suivront qui voudra et saura les conduire. »

Par ces mots il nous enseignait la bonne, la sûre méthode, la seule efficace avec des populations privées, par cent ans d'administration bavaroise, de toute volonté, de toute initiative politique.

Dans l'impossibilité où ils étaient alors de conduire la volonté populaire, tous ces hommes la suivaient docilement, car ils savaient bien qu'elle était, par avance, acquise à la solution qu'ils craignaient et que son impatience, son inquiétude, sa nervosité venaient, non de ses principes de loyalisme, froissés par l'occupation, mais de l'indécision qui planait encore sur sa destinée.

Le Regierungs-Präsident lui-même, M. de Winterstein, prit nettement position. Dans un entretien secret qu'il eut avec les députés Hoffmann et Richter, du centre, et dont ce dernier rendit compte à l'Etat-major français le 21 mars 1919, dix jours après l'entrevue, il dit : « Je suis partisan de la séparation d'avec la Bavière, mais je crois le Palatinat actuel trop petit pour constituer un Etat indépendant. Il faudrait l'augmenter de Birkenfeld, Kreuznach, Alzey, Meisenheim, etc. Il faudrait aussi prévoir pour le nouvel Etat une université, afin que les jeunes gens ne soient plus obligés d'aller faire leurs études à Heidelberg ou à Munich. » Et M. Richter, député du centre, d'ajouter : « M. de Winterstein est un homme de grande valeur, parfaitement au courant des affaires du pays. Il fera un très bon président de la République. Tous les fonctionnaires marcheront derrière lui. »

Indépendamment de ces « ralliés », il y avait d'autres républicains : les annexionistes qui se joignirent, sur les conseils du commandement français lui-même, aux républicains indépendants, partisans d'un Palatinat autonome et neutre. Il y avait enfin les républicains partisans d'une république rhénane, plus ou moins engagée dans le fédéralisme allemand, et qui, pour la plupart, appartenaient à l'ancien parti du centre.

A noter l'attitude nette de l'évêque de Spire et de son vicaire général. Ce dernier disait un jour au contrôleur français de Spire : « Où est ma patrie aujourd'hui : c'est là où est le peuple dont je suis responsable et je dois tout tenter pour le sauver. J'abonde donc dans votre idée d'un Palatinat autonome et agrandi. Nous ne pouvons nous mettre du côté des idéalistes qui disent qu'ils veulent mourir en beauté ; car *primo vivere.*

Ainsi, soit par conviction, soit par nécessité de suivre le mouvement populaire, soit par ambition ou par hypocrisie, les chefs politiques palatins s'étaient, bon gré, mal gré, adaptés à l'évolution des esprits.

Dans les sphères gouvernementales du « Reich », l'inquiétude est à son comble. Si nous ignorons, nous Français, toutes les raisons que les Palatins et les Rhénans ont de se séparer de la Prusse et de la Bavière. Berlin et Munich ne les ignorent pas ! Le 28 mai 1919, en présence du président du conseil prussien et de toute l'assemblée, M. Herold, chef du groupe catholique, prononçait ces paroles : « Si les tendances qu'on éprouve à se séparer de la Prusse — et non pas du Reich, ce à quoi personne ne pense — ont pris un grand développement, c'est aussi parce que l'ancienne administration n'a pas su acquérir les sympathies de la population rhénane *(Très bien ! et vive approbation au centre)*. Combien de fois avons-nous élevé notre voix pour avertir le Gouvernement et pour lui demander d'introduire un autre système d'administration et avant tout de ne pas nous envoyer sans cesse des fonctionnaires administratifs pris dans l'Est ! Combien de fois, pendant combien de temps, avons-nous apporté ici nos réclamations qui avaient pour objet de nous assurer un traitement égal, sans qu'on remédiât à notre situation. Pendant des dizaines d'années, les Rhénans ont demandé une ordonnance sur les communes rurales qui fût appropriée à leurs besoins, etc., etc. » (*Temps*, 6 juin 1919.)

En vertu de cette souplesse, de cette faculté singulière d'adaptation aux circonstances, qui est la caractéristique de la politique prussienne, c'est un *leader du mouvement républicain* rhénan d'avant l'armistice : le docteur Trimborn, qui fut nommé gouverneur de la province rhénane à la veille du jour où les autres *chefs républicains*, le docteur Dorten et le docteur Haase, allaient être poursuivis pour *haute trahison !*

L'heure était donc éminemment favorable à la réalisation du « plan palatin », et on a l'impression nette, sûre, que tout le pays sauvé du bolchevisme et de l'insurrection par notre armée, poussé par nous sur la voie des plus grands espoirs politiques et économiques, énervé déjà par une trop longue attente, n'attendait plus que l'encouragement et la garantie décisive qui allait lui permettre de passer aux réalisations définitives.

On verra comment, parvenu à ce point critique, l'état des esprits peu à peu se modifia ; comment et pour quelles raisons de politique générale la masse retomba dans l'effacement, la neutralité craintive et comment, surtout, les éléments réfractaires, reprirent, sous la direction des fonctionnaires, et par des méthodes où la ruse, la menace et la violence se succédèrent rapidement, l'ascendant perdu et l'autorité évanouie.

II

DANS LA HESSE
ET DANS LE PAYS DE NASSAU (1)

Tandis que dans le Palatinat naissait et se développait l'idée d'une république autonome, dans la Hesse et dans le pays de Nassau, quelques personnalités inquiètes de certains « progrès » de la Révolution allemande tentèrent, pour sauvegarder leurs intérêts, de se séparer du nouveau régime par l'instauration d'une sorte de Confédération du Rhin. Dans l'esprit des promoteurs de ce mouvement, le nouvel Etat devait être suffisamment fort politiquement et économiquement pour contrebalancer à l'ouest l'influence de l'énorme ville en ébullition, Berlin, qui mettait en danger « tout ce qui restait de bon en Allemagne ».

La première manifestation publique de cette idée fut une réunion populaire tenue à Cologne le 4 décembre 1918. Des orateurs de divers partis y parlèrent avec ardeur des aspirations rhénanes et des exigences de la situation. L'assemblée prit ensuite la résolution suivante :

« 5.000 citoyens rhénans, réunis le 4 décembre 1918 « à Cologne, considérant les profondes transformations « politiques qui se produisent en Allemagne ;

« reconnaissant l'impossibilité de former à Berlin un « gouvernement stable, persuadés que les régions rhénanes, « ainsi que la Westphalie, possèdent suffisamment de force « politique et économique pour former un état distinct ;

« déclarent leur volonté inébranlable de maintenir

(1) Selon l'opuscule *la République Rhénane,* imprimerie Hesmann Rauch, Wiesbaden.

« l'unité allemande et de travailler à la constitution d'un « nouvel Etat allemand composé des régions rhénanes et « de la Wetsphalie.

« L'assemblée invite donc les représentants officiels du « peuple rhénan et westphalien à proclamer le plus tôt « possible la fondation d'une république autonome rhéno-« westphalienne dans le cadre de l'Allemagne.

« Vive la liberté rhénane. »

Le lendemain, 5 décembre, avait lieu à Cologne la première réunion de la Ligue pour la liberté rhénane. Les orateurs étaient : le professeur docteur Eckert (démocrate), le docteur Hoeber (centriste) et Meerfeld (député socialiste). Le professeur Eckert insista surtout sur le rôle actuel de la province rhénane dans la Prusse et dans l'Allemagne. Avec toute l'assemblée il acclama la liberté rhénane.

En même temps qu'à Cologne, l'idée faisait son chemin en Nassau. Elle y fut tout d'abord exprimée dans une série de cinq articles du professeur Claus Krœmer, dans lesquels le droit des peuples à disposer d'eux-mêmes était consciencieusement discuté et prouvé. Ces articles qui, dès le 26 novembre, parurent dans la *Gazette populaire rhénane* insistaient, non seulement sur la liberté de ces formations ethniques, mais aussi sur l'unité totale des peuples considérés (1).

La situation était belle pour former le nouvel Etat : à Berlin le désordre régnait (2) et il n'y avait encore pas de Parlement, ni de députés à Weimar réclamant pour eux

(1) Ce dernier point n'a jamais été perdu de vue par les partisans de la liberté rhénane qui n'ont jamais travaillé en vue d'une séparation de l'Allemagne.

Ces premières manifestations eurent lieu, on ne le soulignera jamais assez, bien avant l'arrivée des troupes françaises d'occupation. Ceci dit, pour répondre aux accusations des Prussiens qui ont voulu y voir l'effet de la propagande française.

(2) Bombardement des bâtiments du *Vorwaerts* et de la Préfecture de police, 16 janvier 1919.

seuls la compétence en matière politique. Mais, au lieu d'agir énergiquement, on eut la belle mais malencontreuse idée de réunir, pour proclamer la république, tous les partis sans exception. Le promoteur de cette idée fut le bourgmestre de Cologne Adenauer qui avait pris la direction du mouvement. De bonne foi, il avait cru en la parole de tous les chefs de partis qui lui avaient assuré être les partisans enthousiastes d'un Etat rhénan, tels Falk, Meerfeld, Sollmann (démocrates et socialistes).

Le 1er février 1919, on fit venir à Cologne tous les députés rhénans qui venaient d'être élus quelques jours auparavant pour l'Assemblée nationale, et les bourgmestres des villes rhénanes, pour proclamer solennellement la fondation de la République rhénane.

La majorité des délégués présents était pour la proclamation immédiate, mais sous l'influence d'Adenauer et de ses collaborateurs, on se contenta d'élire un comité qui reçut la mission de travailler à la constitution d'une Rhénanie autonome dans le cadre de l'Allemagne et sur la base de la nouvelle constitution allemande. Mais ce comité ne tint pas une seule séance : Berlin avait commandé.

Le gouvernement issu de la Révolution ne possédait pas d'assez fortes assises pour transformer l'Allemagne, il lui fallait calquer l'organisation de ses prédécesseurs et pour cela l'existence d'une Grande-Prusse lui était nécessaire, qui lui permettait de dominer tout le pays. Les aspirations rhénanes étaient un obstacle qu'il fallait vaincre, c'est pourquoi on évita à la réunion du 1er février une décision de la majorité et, faisant semblant d'approuver la fondation de la République, on forma cette fameuse « chambre introuvable ».

Le coup réussi, on laissa tomber le masque. Dès le 2 février, la *Gazette Rhénane*, organe de Sollmann, déclarait qu'on saurait bien étouffer les aspirations « séparatistes » (1). On forgea dans la phrase suivante, répétée jusqu'à maintenant, l'arme qui devait tuer le mouvement rhénan en le retardant : « La question rhénane n'est pas encore mûre pour une décision ».

De plus, toute la presse prussienne retentit de clameurs et d'accusations contre les promoteurs du mouvement. Tous les moyens de la calomnie et de l'injure furent mis en œuvre. Cologne ne sut pas résister à des attaques si violentes. Adenauer chercha bien à éclairer et à gagner le gouvernement berlinois, mais toutes les prières, tous les avertissements étaient vains, le gouvernement était décidé à s'opposer, coûte que coûte, à la formation de la République rhénane. Cologne cédant à la pression de Berlin abandonna la lutte.

Mais l'idée poursuivit son chemin dans le Rhin moyen.

En janvier 1919, des comités s'étaient formés à Mayenne et à Wiesbaden, afin de travailler avec Cologne. Réunis en un « Comité Nassau-Hesse Rhénane » ils chargèrent le docteur Dorten d'entrer en relations avec Cologne, qui avait d'abord eu l'intention de permettre aux régions du Rhin moyen (Nassau-Hesse Rhénane) ainsi qu'au Palatinat de se rattacher à la République. Naturellement, ces régions ne pouvaient se contenter de cette dépendance, mais voulaient avoir voix au chapitre. C'est ainsi, que le docteur Dorten, après divers pourparlers avec le bourgmestre Adenauer, fut délégué à la séance du 1er février ; de plus, un grand nombre de communes non occupées du pays de Nassau lui avaient donné par acte sous seing-privé le pouvoir de déclarer leur rattachement à l'État autonome.

Lorsque le Comité du Rhin moyen apprit que le Comité rhénan (Cologne), formé le 1er février, ne s'était pas réuni une seule fois dans le mois de février et qu'il était inutile d'attendre une action quelconque d'un autre côté, il remit

(1) Qualificatif donné à dessein pour permettre d'invoquer plus tard la trahison.

le 27 février, au bourgmestre Adenauer la sommation d'obtenir à la date du 4 mars une déclaration non ambiguë de ce comité. Le 4 mars, Adenauer repondit qu'il ne lui était pas possible de faire quoique ce soit, car le gouvernement berlinois maintenait absolument son point de vue négatif. Devant cet abandon, le Comité du Rhin moyen décida d'agir malgré tout.

En effet, ces Rhénans ne partageaient pas le point de vue émis par Berlin et adopté par Cologne, à savoir que la fondation de cet Etat était une affaire purement intérieure, qui ne regardait pas l'Entente, et qui ne devait être réglée qu'après la signature de la paix. De plus, Berlin, pour appuyer ce point de vue, répandait l'opinion qu'avec la paix les pays occupés seraient évacués par l'Entente, que l'Allemagne ne « souffrirait » pas une ingérence étrangère dans des questions purement allemandes, etc. Cet optimisme affecté avait surtout pour but d'intimider les chefs et les partisans du mouvement rhénan en leur faisant croire que l'ancien état de choses serait rapidement rétabli. Les Rhénans, par contre, considérèrent avec raison qu'il s'agissait d'une question dépassant de beaucoup les intérêts intérieurs de l'Allemagne. C'est une véritable question internationale et il y avait lieu d'en saisir non seulement les gouvernements allemands et prussiens, mais encore les trois grandes puissances occupantes.

Et de même que, le 22 février, les Palatins communiquèrent au maréchal Foch pour être transmis à la Conférence de la Paix l'expression de leurs aspirations, de même, le 10 mars, le comité hessois-nassovien communiqua une déclaration aux chefs militaires alliés des pays occupés. Il leur était, en effet, impossible de réaliser la formation d'un Etat allemand dans les territoires occupés sans entrer en pourparlers avec les autorités militaires de l'occupation.

Le texte de la Déclaration était le suivant :

« 1. Nous demandons que notre sort soit réglé par nous-mêmes.

« 2. Nous sommes Allemands et voulons par conséquent rester dans le cadre de l'Allemagne.

« 3. Nous protestons contre toute cession de territoire rhénan à l'ouest et contre toute forme de gouvernement qui peut nous être imposée. La province rhénane, Nassau et la Hesse Rhénane sont un seul territoire. Le rattachement du Palatinat, de la Westphalie et d'Oldenbourg est vivement désiré.

« 4. Nous sommes fermement persuadés que la réalisation de notre désir assure la paix des peuples. L'Etat autonome constitué par la décision des territoires rhénans ci-dessus désignés, sera une république pacifique. Elle offre la garantie nécessaire pour la Paix européenne, oppose une digue au flot bolcheviste et assure les rapports paisibles de l'Est et de l'Ouest.

« 5. Nous voulons donc la fondation immédiate d'une république occidentale allemande et espérons que les autorités compétentes autoriseront sans retard un plébiscite.

« 6. Le Comité, formé à Cologne le 1er février 1919, s'étant abstenu de toute activité, est condiséré comme dissous. »

Une décision qui suivit immédiatement ces paragraphes nommait le docteur Dorten premier délégué. Il fut chargé de remettre cette déclaration munie des signatures, aux généraux commandants à Cologne, Coblence et Mayence. La lettre accompagnant ces déclarations était ainsi conçue :

« Monsieur le Général,

« Au nom du Comité pour la fondation d'une République occidentale, j'ai l'honneur de vous remettre la déclaration ci-jointe, en vous priant de la transmettre à votre Gouvernement.

« Veuillez agréer, Monsieur le Général, l'expression de ma considération distinguée.

« Le premier délégué,

« *Signé* : Dr H. A. DORTEN. »

A la suite de la réunion du 10 mars, des comités locaux se formèrent dans toutes les villes rhénanes de quelque importance, afin de recueillir des signatures en vue d'un plébiscite. Ce fut partout un succès absolu. A Aix-la-Chapelle, par exemple, 52.000 électeurs de tous partis et de toutes classes demandèrent le plébiscite immédiat.

Ce succès qui venait s'ajouter à celui qu'obtenait en Palatinat l'idée de l'Indépendance décida Berlin à combattre le mouvement rhénan avec encore plus de violence. Mais il ne décida pas le Gouvernement français à faire le moindre geste à l'égard des populations de la rive gauche du Rhin. La Hesse et le pays de Nassau comme le Palatinat restèrent ignorés de lui et c'est en vain que leurs habitants se tournèrent vers lui pour défendre et soutenir à la Conférence de la Paix leur droit sacré de disposer d'eux-mêmes.

La France devant la question rhénane pendant la Conférence de la Paix

Au début d'avril 1919, l'opinion rhénane, comptant encore sur la protection de la France, sur son aide politique et économique, sur la réduction des charges de guerre et la suppression du service militaire, n'attendait plus, forte des engagements donnés, des garanties morales et matérielles promises, qu'un signe des autorités françaises pour proclamer la République.

Elle sentait le moment d'autant plus propice que de nouveaux troubles spartakistes éclatant à Munich, l'assassinat de Kurt Eisner, l'éclipse d'Hoffmann, les grèves de Thuringe et de Saxe, de Berlin, de Leipzig, les troubles d'Hambourg et de Brunswick, la recrudescence générale du bolchevisme, en inquiétant les esprits rebelles à l'idée républicaine, permettaient, sinon d'espérer leur concours, du moins d'escompter leur neutralité.

Le 7 avril 1919 est le point culminant de l'action républicaine. La nouvelle télégraphique des émeutes de Munich vient d'arriver et un groupe de Palatins frémissants, ayant appris que nous partions pour Paris, entourent notre voiture, nous pressent de parler pour eux, de plaider leur cause et nous remettent un papier qui se termine ainsi : « Dites que le fruit est mûr, tarder davantage serait une honte (1). » Malheureusement, ce signe

(1) Es möge durch Funkspruch bei Herrn General angefragt werden, wann ? — Die Frucht ist reif. Am besten sofort. Es ist eine Schande, noch weiter zu verbleiben. » (Député Richter à commandant J..., 7 avril 1919.)

qu'il eût fallu faire, l'autorité d'occupation ne pouvait plus le faire.

La presse française venait en effet de se taire, comme obéissant à un mot d'ordre, sur les destinées possibles du Palatinat et des pays rhénans.

Il n'était plus question, maintenant, que du bassin de la Sarre, de nos besoins en charbon, du futur statut économique, politique, administratif de la région.

De-ci, de-là, un quotidien ressuscitait la question rhénane ; mais, c'était pour émettre encore, au nom de la nécessité militaire, des idées d'annexion auxquelles personne, dans les sphères diplomatiques, ne pouvait songer. Et ce semblant de campagne avait, par surcroît, l'énorme inconvénient de présenter au Président Wilson l'opinion française moyenne, qui caractérise les lecteurs de ces feuilles, comme imprégnée d'idées impérialistes.

La volonté diplomatique de la France, cinq mois après l'armistice, cinq mois au cours desquels les espoirs des populations rhénanes n'avaient pu être soutenus que par de vagues et officieuses promesses, n'apparaissait donc encore pas.

Elle s'accrochait à la Sarre où elle semblait n'aboutir, d'ailleurs, qu'à un compromis.

Elle ne se traduisait plus, sur le Rhin, que par des rumeurs d'occupation temporaire.

Pourtant le maire de Metz, M. Prevel, venait de porter à Paris un appel éloquent du conseil municipal de la ville lorraine qui, réuni le 7 avril 1919, demandait à l'unanimité que l'Allemagne soit rejetée politiquement et militairement au delà du Rhin et que la rive gauche, avec ses annexes nécessaires, soit constituée en un ou plusieurs Etats indépendants et protégés. Ce vœu ne fut pas entendu. Il en fut de même de celui émis, trois semaines plus tard, par le comité de l'Union populaire républicaine d'Alsace-Lorraine et transmis au gouvernement par M. Millerand, « Le comité directeur de l'union populaire républicaine proclame la nécessité de protéger le territoire national et spécialement l'Alsace, marche de la frontière de France, contre toute agression nouvelle, en maintenant l'occupation de la rive gauche du Rhin, etc. »

Ainsi nous renoncions à cette garantie précieuse de la rive gauche du Rhin; nous renoncions à notre propagande, à notre rôle civilisateur si conforme à la tradition historique, à l'évolution normale, à la psychologie sociale des pays que nous occupions.

Et ce renoncement interprété par les dirigeants allemands comme une faillite de nos espoirs et comme un succès d'Erzberger, allait devenir le point de départ d'une campagne de haine et de représailles dirigée contre la France, l'armée d'occupation, ses chefs et même nos industriels et nos commerçants !

On sent, on devine bien, que la France n'est pas seule, qu'elle doit compter, ce qui est naturel, avec ses alliés ; mais on sent davantage — et c'est là le côté douloureux de cette impression, le côté inquiétant — que dans l'aspect du problème européen qui la concerne immédiatement, dont sa sécurité, sa vie, son avenir dépendent, son point de vue, à elle France, dont le droit de parler a été si chèrement acquis, son point de vue est discuté, combattu et finalement rejeté !

Et c'est cela, cela surtout, qui se traduisit dans la presse française et dans l'opinion par une sorte d'inquiétude, d'abattement, de laisser aller, de laisser venir, de passivité résignée avec, de-ci, de-là, des lueurs d'espoir que nos représentants reprendraient peut-être la direction diplomatique des débats.

Si l'opinion française était troublée par ces indécisions, ces tâtonnements, cette demi-obscurité confuse où l'on sent que nous avons perdu toute direction, toute initiative, toute possibilité d'agir, nous laissons à penser quelle était l'impression ressentie par les populations rhénanes.

Elles crurent que la France se désintéressait d'elles et des hommes qui, en servant l'idée d'une république autonome, avaient servi notre intérêt, s'exposant ainsi aux menaces du gouvernement du Reich et à un inévitable châtiment pour le jour où le pays retomberait sous la domination exclusive de Berlin.

D'autre part, en faisant prévoir le rattachement à la Sarre de certains cantons du Westrich (Saint-Ingbert, Hombourg, Deux-Ponts), la presse française rassurait sur leurs destinées économiques les gros industriels de cette contrée qui redoutaient de se voir séparés de la région des mines; par contre, les Palatins de l'Est et du Nord y virent une preuve de plus du changement d'attitude de la France qui, non contente de se désintéresser des destinées politiques du pays, brisait, par surcroît, son unité économique et son équilibre religieux, dépeçait en quelque sorte le Palatinat, physiquement et moralement (1).

Nombreux furent les Rhénans francophiles qui, à ce moment, se préparèrent, désespérés, à abandonner leur pays et à passer en Alsace. D'autres mirent leur espoir dans un rattachement à la Sarre. D'autres enfin, confiants malgré tout dans la France, escomptant les incertitudes qui planaient encore sur la situation diplomatique, continuèrent la lutte.

Mais dans le même temps où la presse française ne nous offrait aucune précision et trahissait son inquiétude, parlait de désaccord entre les Quatre, de menaces de départ du Président Wilson, de « *commissions de suggestions* » vainement réunies ; au moment où l'absence de direction diplomatique et l'impossibilité qui en résultait d'avoir sur le Rhin une volonté ferme, une politique précise, obligeait les généraux commandants les armées d'occupa-

(1) Du fait de l'annexion de la Sarre, 80.000 catholiques, suffragants de l'évêché de Spire, passent sous l'administration religieuse française.

tion françaises à y suppléer — pour tenter d'y maintenir le niveau moral — par des initiatives aussi hardies que discrètes et énergiques, la presse allemande, elle, n'ignorait rien des véritables causes de cet état d'esprit et de ce changement d'attitude ; elle s'en servait et elle les exploitait (1).

Elle connaissait le point de vue français, et elle savait les divergences qui s'étaient élevées à son sujet entre Alliés ; elle savait, surtout, que nous ne parviendrions pas à imposer les solutions qui nous intéressaient directement et qui étaient, pour elle comme pour nous, *les sanctions véritables, les seules sanctions de la guerre* (2).

Aussi, avec quelle hâte le gouvernement de Weimar rappelle-t-il à lui les représentants du Palatinat : Profit, Hoffmann, Gebhardt, etc., pour leur annoncer la sûre nouvelle : « Le Rhin ne sera pas la frontière militaire de la France, encore moins la frontière politique de l'Allemagne ou la frontière de douane ; le Rhin restera allemand, les pays rhénans resteront prussiens ou bavarois. La France vous a bernés, elle a pris ses rêves pour des réalités. Qu'elle s'aperçoive, aujourd'hui, que votre crédulité n'était que de la crainte ou de l'ignorance. Allez, faites part de tout cela à vos amis politiques, aux fonctionnaires ; que l'action et l'attaque succèdent à la passivité et à la résignation.

« L'heure est venue de commencer la lutte, d'intimider et de reprendre l'opinion palatine en s'appuyant sur l'échec diplomatique de la politique rhénane française et la vanité imprudente de ses promesses. »

Voilà ce qui fut dit à Bamberg, à Weimar, à Munich ; et les députés revinrent avec des figures nouvelles et commencèrent à travailler l'opinion dans le nouveau sens.

(1) La *Frankfurter Zeitung* et le *Berliner Tageblatt* commencent à dénoncer l'impérialisme français.

(2) Le maréchal Foch a communiqué le 3 avril à Erzberger les décisions militaires de l'Entente.

Il leur fallut toutefois, auparavant, prendre le temps de motiver leur changement d'attitude.

Ils le firent dans la presse ou au cours de réunions politiques et cela, suivant une formule, si pareille, qu'ils fussent du parti S. D. ou du parti populaire bavarois (centre), qu'on a peine à croire qu'elle ne leur fut pas dictée !

Ecoutons Hoffmann dans le *Westrichter Tageblatt* du 12 avril 1919, l'auteur du discours du 19 février 1919 à l'hôtel Schwan, signataire de la pétition au maréchal Foch, et président du parti populaire bavarois : « La direction du parti populaire bavarois (Palatinat) déclare qu'elle n'a jamais plaidé l'annexion à l'Entente, ni l'établissement d'un protectorat.

« Si la presse du parti, ou certains membres du parti, ont pris position dans la question de la formation d'une république de la rive gauche du Rhin, cela s'est fait dans la perspective du traité de paix. Notre profession de foi en faveur de l'esprit allemand est chose indiscutable. »

Le député Profit, chef du parti S. D. majoritaire palatin, obligé de se dégager, le fit le 3 avril à Neustadt. Il dit : « Si j'avais envisagé, le 21 mars 1919, l'organisation d'une république palatine, c'est qu'on m'avait affirmé qu'au traité de paix le Rhin constituerait la frontière militaire et politique de la France (1). »

On voit, une fois de plus, combien peu compte l'opinion publique pour de pareils hommes.

Ils savaient bien que cette opinion, sans éducation politique, se tournerait passivement, par nécessité, du côté du plus fort. Ces politiques ambitieux, dans l'âme desquels le parti tient lieu de patrie, sentaient que la roue du destin avait tourné et, que pour peu qu'ils veuillent l'aider, ce seront eux, conservateurs, ce seront eux, socialistes, qui, demain, dans un compromis fatal, ressusciteront l'Allemagne impériale, grâce à la dictature et à la force

(1) Discours de Neustadt, 3 avril 1919.

prussiennes, aux cadres socialistes et à la richesse rhénane !

Et, le 19 avril, ils recevaient un télégramme de Berlin où il leur était ordonné *d'intensifier leur propagande* contre le futur traité de paix et la séparation.

Dans le même temps, les généraux commandant les armées d'occupation s'efforçaient en vain d'obtenir de Paris des directives.

Ce seront donc eux seuls, il faut le dire à leur éloge, qui, par leur volonté, leurs efforts, leur conception nette et haute des destinées de la France, essayeront de soutenir ces mouvements rhénans à qui nous ne pouvions plus prêter le concours officiel de notre appui politique.

Le général Gérard et le général Mangin ont essayé un des plus beaux gestes de notre histoire politique. On a brisé leur œuvre. Mais les événements déjà leur donnent raison. Ils avaient vu juste et en bons Français. Eux aussi, si on les eût laissé faire, auraient bien mérité de la Patrie.

Premières déceptions des Républicains

La Tentative du premier Juin

L'abandon par la France d'une politique rhénane qui, d'ailleurs, par considération pour les Alliés et par respect des décisions ultérieures à intervenir, n'avait jamais revêtu, nous l'avons vu, une forme précise, active, et s'en était toujours tenue à des considérations de principe, à une propagande d'idées plutôt que de faits, avait eu pour conséquence immédiate les faits que nous venons d'étudier.

La masse, dont l'esprit, dans le feu des polémiques, était un instant sortie de la léthargie où l'avait plongée les « Junkers » ; la masse, qui avait montré sa sympathie dans toute la mesure où elle pouvait le faire pour n'avoir pas à redouter les représailles, et qui riait sous cape des déconvenues bavaroises et prussiennes, reprenait son indifférence craintive et résignée.

Sous l'influence des événements, les anciens séparatistes s'étaient eux-mêmes séparés en trois groupes : les hommes politiques et les chefs ouvriers de la Social-démocratie, n'ayant plus rien à craindre de leurs électeurs et de leurs ouvriers, se donnaient un air d'indignation et rentraient dans le sein de la patrie bavaroise ou allemande, dans le sein de leur parti national.

Il paraissait évident qu'ils ne s'étaient intéressés à leur troupeau que pour le mieux surveiller ; ils n'avaient souri au projet d'autonomie que pour le mieux connaître et le mieux étudier, le servir par nécessité, le saper à chaque occasion propice et se poser en adversaires résolus à la première défaillance.

Les hommes du centre, invoquant l'exiguïté du Palatinat, commençaient à orienter leurs espoirs vers la république rhénane où, en réalité, leur influence se faisait plus nettement sentir. En outre, la république rhénane promettait à ses partisans plus de satisfactions confessionnelles qu'ils pouvaient en espérer d'une république palatine privée, par les préliminaires de paix, des 80.000 catholiques de la Sarre.

Il ne restait plus, désemparés et inquiets, mais obstinément fidèles à leurs idées, que les républicains de la première heure ; ils allaient tenter de maintenir leur action, de poursuivre leur propagande, de recruter des adeptes dans le monde ouvrier et de forcer les événements, en dépit d'une opposition déjà naissante qui, soutenue, encouragée par toute la presse allemande de la rive droite, payée par le gouvernement bavarois, servie par des éléments de violence, prête à toutes les besognes, allait unir, dans la même riposte, les fonctionnaires prussiens et bavarois de l'ancien régime royal et les chefs socialistes des syndicats ouvriers, les grands industriels, les grands propriétaires pangermanistes ou nationaux-libéraux, avec le mot d'ordre : « Sus aux Français, sus aux traîtres ! »

La masse ne comptait plus, elle suivait. Rappelons-nous les paroles de Gebhardt, le député conservateur : « Elle est à plat, elle suivra qui voudra et pourra la conduire, *bien qu'elle ait toujours grondé au Prussien.* »

S'appuyant ainsi sur toutes les ressources qu'offrait l'organisation bureaucratique et ouvrière du pays, sur la discipline ancienne des cadres administratifs et policiers conservés sans adultération révolutionnaire par nos propres armées, quand, en Allemagne même, ils se renouvelaient partiellement, la riposte se préparait, froidement décidée à se montrer impitoyable et féroce, à utiliser les méthodes sournoises et brutales qui surent toujours faire des Prussiens des maîtres en matière de répression.

M. de Winterstein, Regierungs-Präsident du Palatinat, premier magistrat de la Province et hobereau de Franconie, tenant son investiture du roi de Bavière et recevant ses instructions de l'Etat socialiste populaire, dressa son plan de résistance.

C'était en mai. Les préliminaires de paix étaient connus. Ce plan comportait :

1°) A l'égard de la population, une campagne de presse : l'Allemagne est humiliée, le Palatinat l'est doublement, *parce que la France s'est moquée de lui.* Aucune exception, aucune faveur dans le traité, aucune considération particulière atténuant le sort des pays occupés ; le Palatinat payera et il payera toute sa part. Pas de faveurs douanières : la frontière est à Wissembourg. Qu'il se solidarise donc avec sa vraie patrie, qu'il en partage les douleurs et les sacrifices comme il en a partagé la gloire. Résignation fière ; dignité dans l'humiliation ; deuil dans les âmes ; espoir dans la grande nation allemande, dans l'union plus étroite que jamais. L'avenir est à Dieu, le jour du droit luira de nouveau, l'Allemagne aura sa revanche. La France elle-même, par son dédain, montre au Palatinat sa voie morale.

2°) Des ordres aux fonctionnaires.

Ce sont les cadres du pays, de la colonie rhénane, comme les sous-officiers sont ceux de l'armée. Ce sont les gardiens jaloux et intéressés de la « vache à lait ».

Ils sont Bavarois ou Prussiens, donc sûrs, fidèles ; on peut compter sur eux pour s'opposer aux Français, aux républicains, et maintenir la population molle, indécise, sans volonté politique arrêtée, non dans le devoir patriotique, notion morale dont elle n'a pas conscience, mais dans l'obéissance passive et la discipline étroite qui conviennent à ses destinées depuis que la Prusse, une fois pour toutes, les a fixées.

En cas de mouvement, les administrations essentielles

à la vie du pays : postes, chemins de fer, etc., feront grève. Les fonctionnaires fidèles, révoqués ou expatriés pour leur attitude loyaliste, conserveront tous leurs droits vis-à-vis de l'Etat bavarois. Les traîtres seront révoqués. Pour parer à toute défection, les traitements de juin sont payés à l'avance.

3°) Des instructions précises aux magistrats, à la police, et aux chefs ouvriers des différents syndicats. Ces instructions comportent :

a) L'établissement de listes de personnalités francophiles ou de républicains notoires. Leur arrestation sera préparée avec soin, faite au premier signal et immédiatement suivie de perquisitions.

b) La préparation de listes d'agents provocateurs et de militants ouvriers qui, le cas échéant, et suivant les nécessités politiques, provoqueront des rixes avec les soldats français ou les manifestants républicains (une liste établie à Deux-Ponts comporte 500 noms).

4°) Des menaces aux chefs du mouvement républicain : leur action révolutionnaire sera considérée comme attentat à la sûreté de l'Etat, jugée comme crime de haute trahison et punie de mort.

5°) Une campagne de calomnies.

Le docteur Haas considéré comme le chef du mouvement républicain et les hommes qui le secondent vont recevoir, journellement, des lettres de menaces : « Il viendra un temps où les Français ne vous protégeront plus, vous le payerez et vous expierez » (1). Leur vie privée va être dévoilée, souillée par des tracts calomnieux, glissés de nuit sous les portes ou affichés clandestinement.

6°) Une organisation tendancieuse de faux mouvements républicains, l'annonce de pseudo-proclamations de république, qui autoriseront la mobilisation des forces policières et des agents provocateurs, permettront une répression

(1) R. Marsmann de Mannheim à Dr Haas, 24 mai 1919.

anticipée et, surtout, intimideront les populations, les républicains eux-mêmes et tromperont l'opinion européenne.

7°) Une attitude nouvelle à l'égard des Français.

Les Français sont eux-mêmes des républicains ; leur général est un politique adroit, mais les Français sont naïfs et toujours sensibles aux idées de droit, de volonté populaire, de suffrage universel. Le Reichstag impérial de Bismarck ne fut-il pas une comédie parlementaire? Ne pourrait-on jouer, au Palatinat et pour la France, la comédie d'un Landrat soigneusement composé et qui parlerait, au nom des populations, le langage qu'on désire leur faire tenir. De loin, *surtout à Paris*, cela fera de l'effet, impressionnera, et qui sait si un blâme n'atteindra pas l'administrateur haï qu'il est si difficile d'atteindre par une manœuvre de front ?

Les républicains, sentant la décision de plus en plus proche, peu confiants dans une résistance de l'Allemagne aux conditions de paix qui, en autorisant la marche en avant des armées de l'Entente, pouvait remettre tout en question, autoriser tous les espoirs, justifier toutes les actions, se remuaient, s'agitaient fébrilement, impatients d'aboutir, de prendre conscience de leurs forces, de reconnaître et de mobiliser leurs troupes avant que la lutte ne devînt impossible par suite de l'atmosphère générale de la politique européenne, de la signature de la paix, et, surtout, de la mise à exécution inévitable *du plan de représailles* élaboré par M. de Winterstein.

Celui-ci, de son côté, inquiet de l'action républicaine, ouvertement et loyalement menée par la presse, par l'affiche, par des réunions et, n'en pouvant encore prévoir les résultats dans l'indécision persistante d'une situation générale qui poussait vers le Rhin les bataillons de l'armée d'occupation, résolut de déclencher sa riposte, concertée avec le député socialiste au Landtag bavarois Profit, qui revenait de Spa chercher les dernières et décisives instructions.

Le 17 mai, 21 notables républicains se présentaient respectueusement à M. von Winterstein, gouverneur de la province à Spire, et lui soumettaient leur vœu d'indépendance. M. von Winterstein les écouta, et le lendemain convoqua son Landrat, conseil composé « de conservateurs attachés à un régime disparu et dont les restes ne subsistaient, par une anomalie issue des faits et des conditions mêmes de l'armistice, sur la rive gauche du Rhin, que grâce au calme imposé par la présence des troupes françaises ». C'est ainsi qu'au moment de l'armistice, à Landau notamment, des organisations populaires s'étaient créées pour remplacer les anciennes institutions et, qu'en vertu des conditions de l'armistice, l'autorité militaire française s'était trouvée dans l'obligation d'intervenir pour rendre aux autorités déchues leurs anciennes prérogatives !

Par cette convocation du Landrat à Spire, le jour même où il créait du désordre à Deux-Ponts et dans d'autres villes du Palatinat, M. de Winterstein se donnait des motifs de dégager la responsabilité des fonctionnaires absents et de mettre en évidence la parfaite loyauté du gouvernement.

En adjoignant aux membres du Landrat quelques autres personnalités et, en dépassant par cela même ses droits, ne nous donnait-il pas un témoignage de sa bonne volonté, puisque cela nous permettrait d'être renseignés sur les sentiments et les aspirations des Palatins.

Comme il fallait s'y attendre, et comme l'avaient d'ailleurs prévu les 21 républicains qui, la veille, respectueusement, s'étaient présentés à M. de Winterstein pour lui soumettre leurs vœux d'indépendance, le Landrat rédigea une adresse où il affirmait à l'unanimité la fidélité du Palatinat à l'Allemagne, prenait en considération sa séparation d'avec la Bavière, et demandait à la France la restitution des districts de la Sarre.

Il n'y eut aucune voix discordante dans l'assemblée

et, quand on en fit la remarque à un député à Weimar, bien connu pour le rôle actif qu'il avait joué dans la préparation du mouvement républicain, M. Richter, celui-ci répondit : « Je n'ai pas ouvert la bouche. Mais, si j'avais voté contre la déclaration d'attachement à l'Allemagne j'aurais été immédiatement arrêté. »

Ce député, déjà, n'ignorait pas ce que nous ne devions apprendre que quelques jours plus tard !

Le soir même de la réunion de Spire, M. de Winterstein faisait communiquer à l'autorité française l'adresse votée à l'unanimité. Au même moment, il parvenait presque à convaincre de la pureté de ses intentions et de son désir intime de servir notre politique, l'officier supérieur le mieux placé pour se faire l'interprète de ses pensées auprès du général.

« Cette manifestation, lui disait-il, est le plus grand événement politique que le Palatinat ait vécu depuis cent ans et c'est à l'armée française que nous le devons ! »

Et l'officier, dans son commentaire, d'ajouter : « La révolution a en mains l'arme nécessaire pour faire connaître ses volontés au moment voulu. »

Et c'était M. de Winterstein, qui lui en faisait le généreux présent, tel Bismarck dotant l'Allemagne d'institutions parlementaires !

« Le grand art de la politique, disait Frédéric II, n'est pas de nager contre le courant, mais de faire que toutes choses tournent à notre avantage. »

M. de Winterstein avait lu Frédéric II.

Ces résultats étaient considérables : en acceptant de recevoir, le 17 mai, sur la demande du général Gérard, les 21 Palatins qui, inquiets sur les destinées de leur pays, « séparé de l'Alsace par une frontière et de la Sarre par une barrière douanière », étaient venus lui faire entendre « les libres aspirations du peuple », le président avait répondu au général qu'il accueillerait la délégation avec bienveillance et « *qu'il verrait la suite à donner aux vœux exprimés* ».

En réalité, il tendait aux chefs républicains un guet-apens moral.

Le soir du 17 mai il tenait sa proie et... donnait la « suite » promise. Le complot contre la sûreté de l'Etat était évident. L'aveu n'en avait-il pas été fait par les trop confiants membres du comité républicain dans son propre cabinet ?

De plus, il tenait les noms, tous les noms!

Le 21 mai, et sans en informer le commandement français, il décidait l'arrestation des hommes auxquels il avait fait promettre, quatre jours plus tôt, par l'intermédiaire du général Gérard, de les accueillir « avec bienveillance ».

Les arrestations de MM. Haas, chimiste ; Hofer, commerçant ; Schenk, commerçant ; Müller, architecte, étaient suivies de perquisitions faites à leur domicile et de saisies d'affiches et de tracts chez plusieurs imprimeurs à Landau et à Neustadt.

L'ordonnance du juge Kammerer, concernant ces arrestations et ces perquisitions, avait été rendue sur proposition du procureur Heuck et transmise au maire de Landau, Mahla, pour exécution.

La riposte ne se fit pas attendre. Sur l'ordre de l'autorité militaire française, les quatre notabilités arrêtées furent remises en liberté, les affiches et documents saisis rendus à leurs possesseurs. Le maire Mahla, le juge Kammerer, le procureur Heuck furent incarcérés et, après un interrogatoire à la suite duquel il ne subsistait aucun doute sur la nature du rôle joué par M. de Winterstein qui, à Spire, feignait d'être surpris par les événements, déportés sur la rive droite. Au moment où il se séparait sur le pont de Maxau, de l'escorte française, le juge Kammerer crut devoir dire : « Les Français ont traité mon affaire avec justice, je dois le reconnaître. » La mentalité prussienne déroute le psychologue et le moraliste !

L'expulsion du Regierungs-Präsident était demandée au maréchal Foch. Cette mesure était plus que justifiée : d'abord, par les événements de Landau et toutes les mesures qui les avaient amenés, ensuite par d'autres faits, tels que le refus de punir les sous-préfets coupables d'avoir majoré, parfois du double, les demandes de vivres adressées au Service du ravitaillement français et l'expédition à Ingolstadt, faite en violation des conditions d'armistice, de 175 millions de fonds palatins provenant de la Caisse provinciale et des différents bureaux de recette. Le général Gérard terminait sa demande d'expulsion par ces lignes : « Outre qu'il est indispensable de ne pas laisser interpréter notre bienveillance comme étant une faiblesse par les hauts fonctionnaires allemands qui ne manquent pas d'influencer constamment, contre nous, les petits fonctionnaires et les salariés, il est absolument nécessaire d'agir sans retard pour couper court aux procédés fourbes et intolérables qui, *d'après un mot d'ordre de Berlin* (1), terrorisant la population qui nous témoigne de la sympathie, étouffent ses manifestations de loyalisme à notre égard, l'empêchent de se déclarer et dénaturent complètement l'expression de l'opinion populaire. »

Enfin, après une démarche inutile faite par le contrôleur provincial auprès du président pour amener son départ volontaire, une série de messages énergiques du maréchal Foch, parvenus dans la journée du 31 mai, liquidèrent la situation : M. de Winterstein serait expulsé immédiatement hors des territoires occupés ; quant aux fonctionnaires qui s'opposeraient, dans l'avenir, aux manifestations pacifiques de l'opinion publique, ils seraient l'objet de sanctions sévères.

Ces mesures radicales eurent un excellent effet.

(1) Du 20 au 24 mai, des ordres de grèves éventuels étaient portés aux administrations des chemins de fer et des postes par des émissaires de confiance. Ainsi agissait récemment encore, dans la Sarre, la Heitmadienst (1920).

Il n'y eut dans la population ni stupeur, ni indignation. Ce fut une indifférence amusée et ceux qui purent alors, par leurs fonctions ou leurs relations personnelles, sonder l'opinion palatine, se rendirent compte qu'il n'y avait entre les fonctionnaires et le peuple *aucune espèce de sympathie, aucune communauté de sentiments.*

A Landau, « on se réjouit de la mesure prise contre le maire Mahla ».

L'autorité française crut devoir, néanmoins, dégager la leçon de ces incidents. Elle le fit sous une forme concise et ferme, autant d'ailleurs pour l'édification de la population que pour rassurer les républicains inquiets et imposer aux fonctionnaires le respect de notre armée et de notre drapeau.

« Des habitants de Landau ont été molestés par certains fonctionnaires allemands à cause de leurs sympathies pour la France.

« Ces faits constituent, de la part de ces fonctionnaires, un abus de pouvoir, un manquement aux ordres du maréchal Foch et une inconvenance à l'égard de la France, victorieuse et bienveillante ; des sanctions ont été immédiatement prononcées contre les susdits fonctionnaires.

« L'autorité militaire française s'est toujours abstenue de faire une propagande politique quelconque ; elle se préoccupe seulement et avant tout du bien-être de la population et des travailleurs ; elle entend que ceux-ci ne subissent aucune influence terroriste et qu'ils puissent faire connaître librement leurs desiderata, pour le plus grand bien de la prospérité économique du pays, à la seule condition qu'ils ne troublent en rien l'ordre public dont l'armée française est responsable.

« En conséquence, le général commandant l'armée tient à rassurer les honnêtes gens, il saura les protéger contre ceux qui font passer leurs intérêts personnels avant les intérêts généraux du peuple. »

Les républicains reprirent courage. A Gemersheim, le maire se portait garant de ses administrés. A Jockgrim, à Wörth, on acceptait joyeusement le fait accompli.

A Ludwigshafen, certains milieux ouvriers étaient très surexcités : leur exploitation par les Prussiens et les Bavarois avait créé chez eux une haine assez vive. « On nous a fait des promesses depuis 1914, disaient-ils, et aucune n'a encore été tenue. »

Un membre du Landrat affirmait : « Le feu est allumé et l'on ne voit plus d'un trop mauvais œil la constitution d'un Etat autonome. »

A Ludwigshafen, les affiches avaient causé une grande impression. Tout le clergé catholique se ralliait peu à peu à une république *indépendante et neutre*. Le curé de Friesenheim, paroisse de l'Anilin-Fabrik, déclarait à un officier avoir reçu de nombreuses confidences favorables à la république indépendante et neutre : « Je souhaite, ajoutait-il, que la question de la république indépendante soit exposée par une action incessante d'affiches. »

Le député Hoffmann, du centre, rencontrait à Weimar et à Bamberg de chauds partisans d'une république rhénane ; d'autres voulaient constituer, en face du bloc socialiste, le bloc catholique, etc.

« Quant à nous, dit-il au cours d'une réunion tenue à Ludwigshafen, attendons ; les événements doivent être observés. »

De tous les points du Palatinat, c'étaient des appels à l'autorité militaire, à la France, pour l'octroi de garanties économiques qui donneraient une base sûre au mouvement républicain.

A Deux-Ponts, « il faudrait donner des assurances économiques à la population ».

A Germersheim, les populations « demandent des précisions, des garanties... »

A Ludwigshafen, « le manque de garanties réelles produit une grande hésitation pour se joindre au mouvement...

Une politique menée habilement, des garanties formelles de protection économique, pourraient favoriser un mouvement qui ne demande qu'à s'étendre, mais qui hésite faute de garanties pour l'avenir... les sentiments de la population pour la troupe sont amicaux... »

« Les gros industriels et les financiers de la région de Hombourg sont partisans d'une république, à la condition que *les échanges soient libres entre la France et le nouvel Etat et que le Rhin marque la limite douanière.*

« Les deux tiers des usiniers formeraient un comité pour orienter l'opinion publique, mais ils voudraient qu'une voix autorisée leur donnât la garantie ci-dessus.

« L'idéal serait une république palatine liée par un Zollverein à la Sarre ; un referendum pourrait l'entraîner à unir son sort au nôtre... nous souhaitons qu'à la paix le Rhin soit frontière douanière... (1).

« Les industriels de la région de Deux-Ponts demandent la convocation, à Landau, d'un conseil... on poserait la question : « La Sarre ayant tel régime, comment envisagez-vous l'avenir du Palatinat ? »

Parallèlement à la démarche faite par les républicains palatins auprès du gouverneur de leur province à Spire, le 17 mai, une délégation des Comités d'Aix-la-Chapelle, de la Hesse et du pays de Nassau, à laquelle se joignirent deux députés rhénans, Kastert et Kuckhoff, fut reçue par le général Mangin pour exprimer les désirs des populations du Rhin moyen. La loyauté de ces délégués les avait poussés à prévenir quelques jours à l'avance le gouvernement allemand de cette démarche ; ils en rendirent compte en priant d'ailleurs de considérer cette communication comme absolument confidentielle ; de plus, les deux députés se rendirent à Berlin pour présenter la situation au ministre Scheidemann et le prier de vouloir en tirer des conséquences raisonnables dans l'intérêt général du pays.

(1) Réunion des industriels de Hombourg, St-Ingbert, Deux-Ponts.

Mais le gouvernement allemand fit publier les communications confidentielles en question par des journaux socialistes en les écourtant et les falsifiant, il déclara par l'agence Wolff qu'il ignorait complètement l'affaire et chercha à obtenir par l'intermédiaire des délégués rhénans, qui avaient pris part à cette démarche, des indications écrites de l'Entente sur les adoucissements possibles. Cette exigence restant naturellement sans effet, le gouvernement allemand rédigea un acte signé par tous les ministres déclarant que les partisans du mouvement rhénan étaient coupables du crime de haute trahison et passibles des travaux forcés ou de forteresse à perpétuité, selon le § 81, chiffre 3 du code pénal allemand.

Mais ce document extraordinaire suffit pour intimider bien des esprits timorés. Ce fut partout une tempête de malédictions et de calomnies. Les députés Kastert et Kuckhoff, qui avaient eu le courage de tenir tête à toute la meute berlinoise, furent attaqués même par leurs propres collègues rhénans qui obéissaient sans hésiter à l'ordre donné par Berlin. Les deux députés durent déposer leur mandat.

C'en était trop pour le peuple rhénan. Comme les Palatins, ils sentaient qu'ils n'obtiendraient rien de la voie légale et qu'en eux seuls ils puiseraient la force nécessaire pour la réalisation de leurs vœux.

Le 1er Juin

Fort de l'appui moral de la volonté latente des masses, volonté qu'une garantie de notre part transformerait en énergie active avant que l'opposition n'eut réuni tous ses moyens, nourrissant l'espoir que cette garantie sera peut-être donnée au lendemain d'une manifestation probante de l'état d'esprit du pays, désireux d'aboutir enfin avant que la signature du traité de paix n'ait fermé la porte à tout espoir ou, tout au moins, n'en ait rendu la réalisation beaucoup plus ardue en permettant au gouvernement de développer ses moyens de résistance et surtout d'agression, les républicains les plus ardents résolurent de précipiter le cours des événements et de tenter une manifestation qui, dans leur esprit, devait être décisive.

L'expulsion du président de la Province, réalisée dans la nuit du 31 mars au 1er juin, en privant les fonctionnaires de leur chef, en mettant en évidence, sinon la protection de l'armée d'occupation, du moins sa neutralité sympathique, semblait leur offrir une occasion inespérée qu'il importait d'exploiter sans plus attendre.

Depuis l'affaire de Landau, ils ne cachaient d'ailleurs nullement leur intention prochaine de proclamer la République, à Spire, dans le palais même du gouvernement.

Imprudemment, ils fixèrent la proclamation de la République au dimanche 1er juin. Les jours qui précédèrent, un certain nombre d'entre eux parcourut le Palatinat en automobile, distribuant des tracts et propageant la nouvelle. Naïvement, ils donnaient rendez-vous à leurs amis le dimanche 1er juin, à Spire, au Gambrinus Hôtel, où ils devaient se grouper et se former en cortège pour se rendre au palais du gouvernement.

Ils s'y trouvèrent un grand nombre au matin ensoleillé du dimanche, mais lorsqu'ils se présentèrent devant le bâtiment officiel, confiants dans la force souveraine de leurs principes, ils furent accueillis par des coups de matraque et de canne. Ils s'étaient heurtés à des ouvriers mobilisés en hâte à Ludwigshafen par le député Profit et qui occupaient la maison depuis la veille.

Les plus courageux, notamment le docteur Haas, parvinrent au premier étage, dans le cabinet du président, où ils tentèrent, pendant une demi-heure, au milieu d'une foule totalement hostile, d'exposer leur but et leurs opinions. Tâche vaine. Bousculés, frappés, ils durent redescendre et se placer sous la protection des soldats français, appelés pour maintenir l'ordre et disperser les manifestations de la rue.

De ces incidents, il résultait avec évidence que la manifestation dont la composition, les préparatifs, l'horaire et le but étaient connus dans tous les détails par le gouvernement de la Province, avait trouvé en face d'elle une foule de contre-manifestants, amenée et encadrée par des députés et des meneurs socialistes.

Des contre-manifestants analogues avaient été soigneusement préparées à Landau, Deux-Ponts, Kaiserslautern, Neustadt. Elles avortèrent ou furent dispersées par la troupe sans incidents graves.

A Spire, pour se conformer d'ailleurs aux ordres du Gouvernement, l'autorité française avait dû imposer aux troupes d'occupation la plus stricte neutralité, ce qui lui valut (le procédé est bien dans la note de la mentalité prussienne) les remerciements de M. de Schlingenperg, Regierungs-Präsident par intérim : « Ceci est dû *avant tout* à la réserve scrupuleuse que l'autorité militaire française s'est imposée le 1er courant en face des manifestations politiques de la population palatine... En exprimant mes remerciements pour cette *attitude bienveillante,* j'ai, etc... »

De leur côté, et pour la même raison, les délégués des communes palatines adressèrent au général commandant la 8e armée, une protestation : « Les troupes françaises s'en sont tenues à l'observation de *la plus stricte neutralité,* cette attitude a eu pour résultat final de permettre aux assassins organisés de frapper brutalement des citoyens qui voulaient pénétrer dans le palais de la Présidence avec des intentions pacifiques et de laisser le premier adjoint de Spire prononcer aux fenêtres un discours de haine et de guerre intestine. Les délégués supplient le général de leur assurer dorénavant la libre expression de leurs opinions politiques qui sont celles de la majorité de la population du Palatinat. » (Suivent les signatures.)

En Hesse et dans le pays de Nassau l'inadmissible conduite du gouvernement allemand produisit les mêmes résultats que l'attitude du gouverneur von Winterstein sur les Palatins. Les Rhénans décidèrent d'agir par eux-mêmes et des pourparlers ultimes, engagés à Aix-la-Chapelle, à Mayence et à Wiesbaden, préparèrent la proclamation. Le Comité de Cologne, dont la collaboration était devenue impossible, par suite de la véritable terreur en usage à Cologne, avait transmis ses pouvoirs au Comité d'Aix-la-Chapelle qui disposait en même temps de ceux de Bonn, Clève, Crefeld, Gladbach, Neuss et Trèves. Il les reporta sur le docteur Dorten et le chargea, se basant sur les résolutions adoptées, de proclamer la République, au nom des comités rhénans, hessois et nassoviens.

Cette proclamation eut lieu le même jour que la tentative des Palatins à Spire, le 1er juin 1919. Elle fut affichée en même temps à Aix-la-Chapelle, à Mayence et à Wissbaden, dans les termes suivants :

AU PEUPLE RHÉNAN !

« Le moment est venu de contribuer nous aussi à l'établissement de la Paix des peuples.

« Le peuple rhénan demande à être entendu en cette heure d'angoisse dans laquelle son sort se décide.

« Toute influence extérieure doit céder devant cette décision inébranlable, née du principe universellement reconnu du droit des peuples à disposer d'eux-mêmes.

« Le peuple rhénan veut sincèrement une Paix qui soit la base de la réconciliation de tous les peuples.

« C'est pour cette raison qu'il se détache spontanément des institutions qui sont la cause de tant de guerres : féodalité dégénérée et militarisme. Il élimine ainsi à jamais l'obstacle qui s'oppose à toute véritable paix.

« Le projet de traité de paix est nécessité d'une part par les exigences du droit et de la justice, reconnues aussi par le gouvernement allemand : réparer les énormes dommages et dévastations subis par la France et la Belgique et donner des garanties suffisantes contre le retour de nouvelles guerres. D'autre part, il représente un fardeau terrible pour le peuple allemand.

« Le plus haut devoir du peuple rhénan est d'aider de tout son cœur à la réconciliation générale et définitive des peuples.

« Nous déclarons donc ce qui suit :

« Une République rhénane autonome est fondée dans le cadre de l'Allemagne ; elle comprend la Province Rhénane, le Vieux Nassau, la Hesse Rhénane et le Palatinat.

« Cette fondation a lieu sur les bases suivantes :

« 1. Les frontières restent comme par le passé (Birkenfeld inclus).

« 2. Des changements de frontières ne peuvent avoir lieu qu'avec l'approbation des populations intéressées ; cette approbation sera établie par un plébiscite.

« Le gouvernement provisoire est formé de délégués des comités soussignés. Il demandera immédiatement l'autorisation de procéder sans retard aux élections de l'Assemblée rhénane, d'après le mode électoral en vigueur pour l'Assemblée nationale, et de réunir de suite cette assemblée.

« Coblence sera le siège du gouvernement et de l'Assemblée rhénane. Provisoirement le gouvernement siège à Wiesbaden.

« Les Administrations provinciales et communales continuent leur activité jusqu'à nouvel ordre. Le gouvernement provisoire prend la place des gouvernements centraux prussien, hessois et bavarois. »

Vive la République rhénane !

Aix-la-Chapelle, Mayence, Spire et Wiesbaden, le 1er *juin* 1919.

LE COMITÉ RHÉNAN.
LE COMITÉ NASSAU-HESSE RHÉNANE.

Dans le même temps, les dépêches suivantes étaient adressées aux puissances occupantes, au Président de la Conférence de la Paix, au Président de la République allemande Ebert et au ministre Scheidemann :

Dépêches a la Conférence de la Paix et aux Puissances occupantes

« Les délégués de la Prusse rhénane, du vieux Nassau et de la Hesse rhénane, répondant au vœu impératif exprimé depuis plus de 6 mois par les populations rhénanes, après en avoir délibéré à Aix-la-Chapelle, à Wiesbaden, à Mayence, proclament à la date du 1er juin l'autonomie de la République rhénane, dans le cadre de l'Allemagne.

« La nouvelle République aura pour capitale Coblence; le siège du gouvernement est provisoirement établi à Wiesbaden.

« Désireux de hâter de tout leur pouvoir la conclusion de la paix, désireux d'éviter toute complication et toute délibération nouvelle, les délégués demandent à la Conférence de la Paix de reconnaître purement et simplement l'existence du nouvel Etat dont une consultation populaire fixera le statut.

« Fidèle à sa patrie que des malheurs inouïs viennent de frapper, mais conscient de la responsabilité terrible que le militarisme a fait encourir à l'Allemagne toute entière, le nouvel Etat ne cherche aucun moyen détourné pour se dérober aux charges qui lui incombent dans la réparation des dommages causés à la France et à la Belgique.

« Les populations rhénanes, désireuses de disposer librement d'elles-mêmes, sont résolues à se séparer définitivement de la féodalité et du militarisme prussien, ennemis de leurs souvenirs et de leurs traditions.

« Elles demandent aux Puissances alliées ou associées de les protéger dans le présent et dans l'avenir contre la rancune et la vengeance des éléments et des fonctionnaires incapables de comprendre la justice et la noblesse de leurs aspirations, contre tous ceux qui menacent déjà de leurs prisons et de leurs forteresses les partisans des libertés rhénanes.

« Elles comptent sur elles pour assurer d'une façon complète la liberté des élections prochaines qui vont fixer le statut de la nouvelle République.

Vive la République rhénane !
Vive la Liberté !

A Monsieur le Président Ebert, Berlin.

« Monsieur le Président, Au nom du gouvernement provisoire de la République rhénane, j'ai l'honneur de vous communiquer la proclamation, en date du 1er juin 1919, de la République rhénane dans le cadre de l'Allemagne.

« Le peuple rhénan a clairement montré, depuis la Révolution, qu'il veut décider lui-même de son sort. Il veut absolument rester dans le cadre de l'Allemagne, mais en formant un tout unique ; il lui faut pour cela se séparer des différents Etats particuliers. Le gouvernement allemand n'a pas accédé à ce désir, de sorte que nous sommes forcés d'agir de nous-mêmes.

« Nous porterons les charges de la guerre de toutes nos forces ; notre plus saint devoir sera de faire tout ce qui est en notre pouvoir pour amener une renaissance paisible de notre patrie si éprouvée, et pour lui permettre de prendre part, en membre estimé de la Société des Nations, aux grandes tâches de l'avenir : la Paix et la réconciliation des peuples .

Signé : Dr Dorten.

A Monsieur le Président du Conseil,
Monsieur Scheidemann, Berlin.

« Au nom du gouvernement provisoire de la République rhénane, j'ai porté à la connaissance du Président de la République allemande la proclamation qui a eu lieu aujourd'hui d'une République rhénane dans le cadre de l'Allemagne, ainsi que les motifs qui nous ont poussés à cet acte. Afin de manifester de suite notre brûlant désir d'aplanir la voie pour la Paix et la réconciliation des peuples, j'ai notifié cette proclamation à M. le Président de la Conférence de la Paix à Versailles, et aux gouvernements des Puissances d'occupation, par l'intermédiaire de leurs autorités militaires.

« En même temps j'ai demandé l'autorisation de procéder immédiatement aux élections de l'Assemblée rhénane, ainsi que d'envoyer des délégués à la Conférence de la Paix.

« Je vous adresse la même demande avec la prière de permettre notre collaboration avec la délégation allemande de la Paix. »

Signé : Dr DORTEN.

Ces efforts comme ceux de Spire, quoique combattus avec moins de violence, furent sans suite.

Ainsi donc, cette première manifestation véritable de l'esprit d'indépendance a échoué.

Bien qu'elle ait été contrecarrée énergiquement par l'organisation, déjà puissante, de ses adversaires, organisation dont nous allons voir, dans le chapitre suivant, s'affirmer le développement, il est permis de penser qu'elle aurait réussi si les autorités françaises n'avaient pas été tenues, par des ordres impératifs, de conserver la neutralité la plus absolue, et cela, au lendemain d'initiatives heureuses et énergiques du développement desquelles on pouvait tout attendre et tout espérer !

L'Organisation républicaine et la Résistance prussienne

Loin de décourager les républicains palatins, la tentative de Spire, en leur donnant conscience de leur force — ils sentaient bien qu'ils n'avaient eu affaire qu'à une bande de manifestants et de fonctionnaires soudoyés par le président — leur démontra la nécessité de s'organiser. Depuis le moment où la France semblait avoir renoncé à sa politique rhénane et où les républicains n'avaient plus eu, pour les soutenir dans leur action, sa volonté et son prestige, l'ère des mouvements improvisés, des actions d'enthousiasme, s'était évanouie. Ils avaient laissé passer, par respect pour l'armée d'occupation, les grandes occasions favorables à la spontanéité d'une révolution. Et, maintenant, ils devaient, pour vivre, pour lutter, pour être forts à la minute propice espérée, opposer organisation à organisation, leurs éléments disciplinés, mus par l'ardeur des idées, à la police impitoyable des gendarmes et des fonctionnaires, mus par l'orgueilleuse rage de sentir ébranlé la cadre social où s'exerçait leur tyrannique autorité !

Quelques-uns d'entre eux se constituèrent en comité dont une émanation forma un comité exécutif. Des fonds furent recueillis par souscription secrète, un journal du parti créé ; et la propagande s'orienta nettement vers ces milieux ouvriers dont les secrétaires de syndicats, payés par le gouvernement, s'étaient solidarisés avec la caste pangermaniste des gros industriels pour donner aux fonctionnaires : président, sous-préfets, maires, âme et organisateurs de la résistance, la force policière ouvrière qui leur était nécessaire pour mettre à exécution leur plan de résistance et de répression brutale, sous le camouflage impressionnant de manifestations populaires issues des couches les plus profondes et les plus humbles de la population, de celles qui, par nature, devraient être les premières à se révolter contre l'autorité établie et l'exploitation patronale.

Ils donnaient ainsi au monde, ou prétendaient lui donner, la preuve d'un sentiment moral patriotique profond, puisqu'en face de l'étranger victorieux, les haines de classe faisaient trêve et que les éléments les plus opposés et les plus disparates de la population palatine semblaient réaliser, pour résister à l'emprise morale de l'influence française, une union sacrée d'une singulière élévation !

En tête de sa première page, le journal (1) portait la mention : « Paraît avec l'assentiment des autorités militaires françaises ». Cette précaution évita à la feuille naissante toute tracasserie. Mais, bientôt, les noms du rédacteur en chef, de l'imprimeur figurèrent sur la feuille et certaines proclamations se trouvèrent signées des multiples noms de personnalités palatines bien connues.

Le parti se découvrait. La « cabale » ; le « noyau de conspirateurs », le « comité de traîtres », etc., prenaient forme sociale et apparaissaient armés pour la lutte d'idées, la polémique, la propagande.

De fait, les progrès de la feuille furent rapides. S'abonner était adhérer à la Ligue du « Libre Palatinat » et, quinze jours après la publication du 1er numéro le journal comptait 10.000 abonnés.

On ne le voit pas partout, mais on le lit et on le trouve partout. On peut même dire que dans la Palatinat où les journaux, extrêmement nombreux (65), sont exclusivement des journaux locaux d'affaires, renseignés par des agences officielles, la *Freie Pfalz* apparaissait avec son caractère purement politique, dégagé de toute contrainte administrative, asservi à une idée et à une seule : le Libre Palatinat, comme le journal de la province républicaine agrandie, lu à Bergzabern aussi bien qu'à Kircheimbolanden, à Birkenfeld aussi bien qu'à Alzey.

Certaines compétences n'y collaboraient pas ouvertement, mais combien écrivirent dans ses colonnes des articles d'une tenue politique ou d'une inspiration générale parfaites. Certes, la *Freie Pfalz* ne devait pas échapper aux polémiques acerbes où la calomnie voisine avec la diffamation, mais il était difficile, en présence d'adversaires

(1) La *Freie Pfalz* (le Palatinat libre).

aussi violents, aussi haineux que ceux réunis et inspirés par le député socialiste gouvernemental Profit, d'y échapper.

Quoiqu'il en soit, la petite feuille modeste, aux dimensions mesquines et parcimonieuses de tract, ne tarda pas à s'éployer en doubles et larges feuilles, bien imprimées, dépassant même le format usuel des autres journaux palatins.

Les conséquences de cette action de presse ne tardèrent pas à se faire sentir. A l'Anilin-Fabrik, les ouvriers se divisaient en trois groupes dont il était, d'ailleurs, assez difficile d'évaluer les effectifs respectifs : le groupe favorable à la république autonome, le groupe S. D. et le groupe des indifférents.

Il devenait intéressant de constater que, dans ce milieu même, l'unanimité gouvernementale était loin d'être réalisée et que certains éléments se ralliaient à une politique qui ne pouvait leur accorder aucune immédiate satisfaction.

Que, par leurs tendances, ces éléments fussent voisins des « indépendants », c'est ce qui n'est pas niable, mais nous ne devons pas oublier qu'en Palatinat ceux qui se classent sous cette dernière étiquette ne peuvent pas et ne doivent pas être confondus avec les bolchevistes ou les spartakistes.

L'organisation des comités populaires, à la veille de l'armistice, assura l'ordre, protégea et renseigna nos prisonniers (1), prépara des élections communales et l'on peut se demander, avec l'avocat Feibelmann, du parti deutsch-démocrate, si la véritable et bonne tactique n'eut pas consisté, à ce moment-là, pour l'armée d'occupation, à soutenir ces organisations émanées du peuple, contre les fonctionnaires discrédités et les profiteurs et serviteurs de l'administration bavaroise et de l'auto-

(1) *Certificat délivré à l'avocat Feibelmann par un officier français, le lieutenant Nathan.*

cratie prussienne ? La convention d'armistice s'y opposait et nous dûmes rétablir dans leurs fonctions et leur prestige ceux qui, quelques semaines plus tard, devaient devenir nos plus féroces adversaires !

Pour en revenir aux éléments ouvriers de Ludwigshafen, il est incontestable qu'il y a des socialistes nombreux qui s'opposent aux « socialistes majoritaires », et, par conséquent, aux pangermanistes et aux fonctionnaires. Certains proposent même des mesures propres à disqualifier les chefs S. D., *vendus à la réaction* et à accentuer, au profit de la République, le conflit entre indépendants et majoritaires. Il suffit de garantir aux ouvriers leur législation et leurs conquêtes sociales récentes, de les rassurer sur certaines tendances cléricales.

Au début de juillet, à l'annexe d'Oppau, de la Badische-Anilin-Fabrik, une certaine effervescence républicaine se transforma en mouvement contre deux ingénieurs accusés d'être manifestement hostiles à l'idée républicaine. Les deux ingénieurs furent rossés d'importance et déclarés « indésirables », tant au point de vue personnel qu'au point de vue politique. La direction affolée s'empressa de crier à l'émeute !

A la réunion, à Neustadt, le 20 juillet, de tous les cartels ouvriers du Palatinat, le représentant de l'armée française, le colonel Echard, est accueilli avec une sympathie marquée, et le président Rauschert, chef du cartel de Ludwigshafen (25.000 ouvriers), très applaudi, se fait l'interprète de tous les cartels en remerciant « les autorités françaises, et, en particulier, M. le général Gérard, de l'intérêt qu'il a bien voulu porter à la classe ouvrière en autorisant cette importante manifestation de solidarité, qui promet de porter des fruits bienfaisants à la vie économique du pays tout entier ».

Cette fermentation des esprits et cette agitation ouvrière naissante en faveur de la République étaient, en partie, la conséquence indirecte des événements de Landau qui avaient démontré aux esprits inquiets la possibilité, pour le Palatinat, d'une forme sociale nouvelle dans une Europe nouvelle.

Elle était l'œuvre de la *Freie Pfalz*, des tracts inspirés par ses rédacteurs, des comités fondés dans plusieurs villes sous l'égide de la Ligue du Libre Palatinat.

Le comité de Ludwigshafen comptait, à la fin de juillet, plus de 300 membres. A ce moment, une recrudescence sensible d'adhérents était causée par les révélations d'Erzberger et, au commencement d'août, il pouvait provoquer une réunion à laquelle assistaient 800 personnes.

Vers la même époque (20 juillet), au cours d'une réunion du cartel de Pirmasens, le président Pfeiff tenait un discours qu'il terminait par ces mots : « Ce n'est plus l'heure du régime des Prussiens qui nous disaient : — *Durchhalten und maul halten* (souffrir tout et ne rien dire) ; notre situation n'est pas brillante, mais nous surmonterons les difficultés actuelles. Marchons d'accord. Lisez les journaux, venez nous communiquer toutes vos plaintes, mais pas de dénonciations anonymes. Nous arriverons à vous faire rendre justice et continuerons à combattre pour notre droit. Nous, les opprimés, *nous lancerons un appel à l'administrateur militaire, à la France, le pays de la Liberté, de l'Egalité, de la Fraternité, la France nous aidera et nous ferons le reste.*

« Jusqu'ici nous étions un zéro, cependant nous devrions être tout. Une ère nouvelle commence ! »

Toute cette action, parfaitement connue de l'autorité allemande, lui inspirait les plus sérieuses inquiétudes et la mettait dans la plus grande irritation.

Il ne se passait pas de jours sans que le *Journal du Pays de Bade* ne signalât les menées de la « clique de Landau » qui « méditait sérieusement la réalisation de ses plans ».

Le journal dévoilait même le plan d'action prêté aux républicains. Un socialiste de Frankenthal écrivait au maire d'Augsbourg : « Les républicains sont de nouveau solides à l'ouvrage... leur action sera protégée indirectement par les indépendants. Notre célèbre camarade Süss est un des nombreux agitateurs de la République. Ça marche comme à l'époque des conseils d'ouvriers et de soldats. Tu peux te considérer heureux... de ne pas t'apercevoir de cette effervescence ».

Wilhem Kern, Neumeyerring 17.

Les sous-préfets recevaient l'ordre du gouvernement de rester à leur poste et de ne pas prendre de vacances « en raison des menaces de la Révolution ».

C'est en effet sur les fonctionnaires que reposait tout le système de défense de la contre-révolution socialo-impérialiste.

Il trouvait, d'ailleurs, depuis l'acceptation par l'Allemagne des clauses du traité de paix, de multiples raisons de se fortifier et de nouveaux moyens d'action dans la situation diplomatique générale qui, par contre, nous enlevait, non seulement la possibilité de prendre toute initiative favorable à notre influence ou à la propagande républicaine, mais encore le droit, en quelque sorte, de riposter simplement à l'agressivité grandissante et haineuse d'adversaires aussi acharnés à reconquérir le Rhin qu'à ressusciter la haine totale contre « l'ennemi héréditaire ! »

La Propagande Prussienne

On sait comment le Reich parvint, peu à peu, à élever le ton. D'abord le « Livre Blanc », publié par l'Office des affaires étrangères, fit nettement ressortir que l'Allemagne n'avait jamais eu l'intention d'attenter à la paix du monde !

Par contre, les ambitions du capitalisme français (1),

(1) La politique malhonnête de la France tend à aboutir à ce que sa domination s'étende sur la province du Rhin qui est très riche, et à établir une frontière douanière marquée par le Rhin. Une telle politique est excellente pour le capitalisme français. (*Badische Landes Zeitung*, 15 juin 1919.)

du militarisme français, de l'impérialisme français furent dénoncées par toute la grande presse allemande. Résumons cette thèse de propagande.

Le but de la politique française est de détruire l'unité de l'Allemagne. C'est pourquoi elle a entrepris de gêner, de contrecarrer tous les facteurs politiques qui peuvent faciliter ou servir la reconstitution d'un Etat homogène. Elle met au service de ce programme une politique économique et financière dont l'un des buts affichés est de soumettre la rive gauche du Rhin à l'influence de la France et de fixer à ce fleuve la frontière de douane. Ainsi le capital français retrouvera les points d'appui détruits par la guerre : charbon, chemins de fer, fer, potasse, etc.

Ayant détruit l'unité allemande, la France s'appuiera sur son militarisme pour substituer, en Europe, son hégémonie à l'hégémonie allemande.

Les preuves ? Mais ne crèvent-elles pas les yeux : création autour de l'Allemagne d'une ceinture d'Etats favorables à la politique française, annexion déguisée de la Sarre, ambitions rhénanes, volonté farouche et contraire aux théories wilsoniennes, de séparer de l'Allemagne nouvelle les Allemands d'Autriche, etc.

Forte :

1°) De l'appui moral des libéraux anglais (1) et d'une grande partie de la presse des Etats-Unis qui nourrit avec persistance l'opinion américaine des mêmes idées.

(1) Le *Manchester Guardian* du 6 juin 1919 juge ainsi la tentative d'émancipation du Palatinat et des pays rhénans : « C'est là une tentative éhontée d'amputer une partie du corps de l'Etat allemand et de la mettre sous la tutelle française.

« Elle a le désavantage d'être en contradiction avec l'article 5 de l'armistice, d'après lequel « les pays de la rive gauche du Rhin seront administrés par les autorités locales, sous le contrôle des armées d'occupation des Alliés et des Etats-Unis ». Ce contrôle des autorités locales est précisément ce que l'on songe maintenant à supprimer. C'est une chose honteuse. Heureusement, elle ne peut être exécutée sans le consentement de *toutes* les puissances alliées, et l'on ne peut croire que la Grande-Bretagne ni l'Amérique participent à cette affaire. »

2°) Des relations économiques, de plus en plus étroites qui la relient à l'Amérique et à l'Angleterre.

3°) Des résistances, finalement victorieuses, qui se sont mises au travers de notre politique rhénane, l'obligeant à un quasi-désaveu plus funeste, plus néfaste que l'inaction.

4°) Des discours sensationnels de lord R. Cécil et du général Smuts (1), tout imprégnés d'une générosité, d'une sérénité, qu'il est naturel de trouver chez des hommes d'Etat qui ont réalisé leur but politique : paix anglaise des mers dont la meilleure et la plus sûre garantie réside dans le désaccord des puissances continentales.

5°) De l'apparition de problèmes politiques (2) dont

(1) « La seconde déclaration, qui a provoqué un étonnement encore plus fort, provient du général Smuts, le représentant, à la Conférence, de l'Afrique du Sud. Elle a fait une impression pénible dans les groupes anglais et français ; le général Smuts dit : « J'ai signé le traité de paix parce que je le considère comme un document non pas suffisant, mais nécessaire pour terminer la guerre ; parce que le monde a besoin de paix et qu'il n'y a rien de plus dangereux que la continuation de la situation incertaine entre la paix et la guerre. Les six mois d'armistice ont été peut-être plus émouvants et plus terribles pour l'Europe que les quatre années de guerre précédentes... Je crois que le traité de paix ne donne pas la paix espérée par les peuples. Je crois que le vrai travail de la paix ne commencera qu'après la signature du traité. Il y a des conventions territoriales qui doivent être modifiées. Des garanties sont prévues qui ne sont pas d'accord avec la nouvelle volonté pacifique de nos anciens ennemis. Des sanctions sont prévues, mais il vaut mieux n'en pas parler. Il y a des conditions inexécutables. » (Après la signature, *Mannheimer General Anzeiger*, 30 juin 1919.)

(2) « Dans le discours pénétrant qu'il a prononcé hier au Palais Bourbon, le vicomte Cornudet cherchait pourquoi l'Allemagne, en sortant de la guerre, n'a ni la constitution politique qu'on pouvait souhaiter, ni la frontière militaire que le gouvernement français voulait lui imposer. Le vicomte Cornudet disait discrètement aux hommes qui ont représenté la France dans les négociations : « Ce qui m'inquiète, c'est que vous ayez trouvé des résistances. » N'est-ce pas sur ces divergences entre Alliés que spéculent les contre-révolutionnaires allemands ?

Ne se disent-ils pas : « Le Gouvernement britannique est dans une position délicate. Il a des préoccupations en Irlande. Il réalise un immense programme d'expansion en Asie. Voici que les bolchevistes russes, renonçant momentanément à jeter le gros de leurs forces contre les Polonais et contre Denikine, semblent pousser une pointe hardie vers la on n'aperçoit pas encore les solutions possibles mais qui mettent au service de toutes les diplomaties — et la diplomatie allemande n'est pas la dernière à s'en apercevoir — un champ d'intrigues, de marchandages, de combinaisons, de compromissions qui s'étend à la Russie, l'Asie Mineure, l'Inde, etc., etc., et où la nouvelle Allemagne centralisée trouvera peut-être le moyen de devenir l'auxiliaire d'ambitions étrangères en attendant que la force acquise ou conservée lui permette de songer à ses propres intérêts ;

6°) D'une centralisation politique (1), militaire, administrative, financière, économique, qui, grâce au concours des partis de droite, à la discipline du parti socialiste-majoritaire, à la conservation ou à la création d'une force militaire, à l'élimination des éléments ethniques, non allemands, a pu s'opposer, dès ses premières manifestations, à toute cette floraison de particularismes : saxon, badois, bavarois, wurtembergeois, hanovrien, rhénan, qui devait spontanément jaillir du désastre militaire (2).

Caspienne, afin d'atteindre par leur propagande la Perse dépouillée de son indépendance, l'Anatolie où les Turcs sont en armes, l'Afghanistan, dont l'émir n'est plus ni subventionné par la Grande-Bretagne, ni représenté par elle dans ses relations extérieures. Tôt ou tard, le militarisme prussien, désormais inoffensif sur mer, n'apparaîtra-t-il pas comme un auxiliaire acceptable pour des *possidentes* qui craindront de ne pas rester *beati* ? » (*Temps*).

(1) « Lisez le dernier discours prononcé par Ebert à Stuttgart, vous y trouverez l'apologie de l'unification. Il y aura en Allemagne une seule administration centrale, une organisation financière et fiscale unique, un seul système de chemins de fer et de voies navigables, une seule administration des postes, télégraphes et téléphones, une seule armée. Plus de représentation diplomatique spéciale en Bavière : une seule diplomatie pour tout l'empire ; entre l'Allemagne du Nord et l'Allemagne du Sud, il ne faut plus de différence.

« Examinez les projets de loi relatifs à la socialisation, vous y découvrirez la même tendance à l'organisation rigoureuse symétrique, à la centralisation, à l'unité. » (*Petit Parisien*, Maurice Pernot, 3 septembre 1919.)

(2) « La Prusse a toujours eu le privilège de soulever, dans tous les peuples de la Confédération germanique les plus vives et les plus profondes antipathies. » (Homme d'Etat allemand, 1871. Cité par L. Guyot ; *les Causes et les Conséquences de la Guerre*.)

7°) De la reconnaissance, par la Haute Commission interalliée, de ce « commissaire du Reich » pour les pays occupés, « *homme-lige de la bureaucratie prussienne* », dont le rôle le plus clair sera de nous créer des embarras.

Ainsi le gouvernement du « Reich » organisa ou permit l'organisation d'une campagne de calomnies et de haine contre la France, dont il attendait le discrédit du grand rôle moral de notre pays, un ébranlement de l'opinion universelle, un raffermissement de l'opinion allemande, une revision du traité.

Cette campagne n'a pas cessé et se déroule depuis juin 1919 avec une violence croissante. Ses thèmes généraux habituels sont le traité de violence, notre impérialisme, notre militarisme, notre conduite inhumaine de la guerre, les troupes noires, etc.

Il n'entre pas dans le plan de cette étude d'en décrire les moyens et les résultats. Nous n'en envisagerons le développement et les moyens d'action qu'en ce qui concerne la région rhénane et le Palatinat.

C'est d'ailleurs, mais avec plus de sûreté, de méthode, de violence cynique, le plan Winterstein que nous connaissons bien.

De Munich, et peut-être même de Heildelberg, l'ex-Präsident — dont le prestige s'est accru d'une protestation faite, au sujet de son expulsion du Palatinat, par le représentant du gouvernement allemand au président de la Commission interalliée d'armistice (8 août 1919), et d'un voyage à Paris, où il avait été convoqué par Brockdorf-Rantzau, quelques jours à peine après les événements de Spire (14 juin) — inspire, organise ou dirige la lutte avec les nouveaux et puissants moyens que lui procurent la situation internationale modifiée en faveur de l'Allemagne, la nouvelle centralisation de l'empire et l'appui moral anglo-américain.

Dénoncer avec indignation nos ambitions rhénanes, les divergences entre Alliés ; flatter, dans ce but, les Anglais et les Américains ; mener contre la France, supposée l'instigatrice des rhénans, contre ses armées d'occupation et leurs chefs une campagne de haine ; préparer contre les républicains une repression impitoyable ; voilà, sur le Rhin, le programme de l'empire socialo-bourgeois du Reich !

Que la domination prussienne sur les pays riches de l'Ouest soit la condition indispensable de la viabilité du « Reich », c'est ce que démontre toute l'histoire.

« Il y a, en Allemagne, par la force même de la géographie et de l'histoire, deux sortes principales de régions. Il y a des régions naturellement riches et bien situées, qui peuvent prospérer par une activité pacifique, mais qui fournissent aussi les instruments de combat, les ressources financières ou alimentaires, les débouchés et les communications indispensables à une guerre. Il y a, par contre, des régions déshéritées ou moins bien placées, qui engendrent nécessairement la guerre comme *une industrie nationale.* Car, s'ils n'exerçaient pas l'hégémonie sur le reste de l'Allemagne, s'ils ne promettaient pas à l'Allemagne une vaste expansion continentale et de fructueux domaines d'outre-mer, s'ils n'étaient pas des conquérants, en un mot, comment les gens du sablonneux Brandebourg ou de la lointaine Prusse Orientale occuperaient-ils dans le monde une « Stellung » de premier plan ? Répartie en Etats autonomes, qui auraient constitué un ensemble libre et équilibré, une Confédération germanique *aurait pu devenir solvable sans devenir agressive* ? Ceux de ces Etats qui pouvaient s'enrichir dans la paix auraient payé leur part de la dette commune, sans autre préoccupation que celle de rétablir leur crédit et de refaire leur fortune. Mais, dans une Allemagne unifiée à outrance, il en est autrement. Tout enrichissement des régions productrices procure des ressources aux régions guerrières. Toute ambition des régions guerrières inspire aux régions productrices l'idée de se libérer à coups de canon plutôt qu'à coups de payements. » (*Temps*, 28 août 1919).

Cette importance des pays rhénans dans la reconstitution de l'Allemagne, Erzberger en fait l'aveu dans ces lignes écrites en protestation des « encouragements » donnés par les autorités militaires aux chefs des mouvements séparatistes dans les pays rhénans et le Palatinat :

« Il faut ajouter que l'Allemagne ne peut supporter les charges qu'elle veut assumer par le traité de paix que si ses bases économiques et territoriales et ses capacités financières restent intactes. Il n'est pas nécessaire de démontrer que la séparation de territoires comptant un aussi grand nombre d'habitants et possédant une industrie aussi largement développée doit ébranler les assises de la vie économique allemande » (1).

Aussi, quand on apprit en Allemagne que les pays du Rhin, acquis par la force, resteraient sous la domination de l'empire, que la France renonçait aux revendications exposées dans le mémoire du gouvernement du 25 février (2) ce fut, dans toute la presse, un insolent *cri de triomphe.*

Jusqu'au mois d'avril, l'Allemagne resta persuadée que nous ne lâcherions pas le Rhin. C'était, pour elle, la vraie, la seule sanction de la défaite (3), et, nous l'avons vu, les hommes politiques de toutes nuances du Palatinat ne songeaient plus, dans cette éventualité, qu'à se rallier à la politique d'autonomie et à rechercher pour leurs électeurs le régime qui leur conviendrait le mieux.

L'abandon de cette prétention, c'était, de gaîté de cœur,

(1) Note relative à la séparation des pays rhénans et du Palatinat, adressée en date du 2 juin par le ministre Erzberger au général Nudant.

(2) Fixation au Rhin de la frontière occidentale de l'Allemagne et occupation interalliée permanente des ponts du fleuve.

(3) « Après la victoire ennemie, la rive gauche du Rhin et l'Alsace-Lorraine deviendront françaises. » (*Täglische Rundschau*, 24 septembre 1918. Cité par Funk-Brentano.)

donner à l'empire toutes les possibilités de se reconstituer dans l'esprit de la tradition prussienne et de se replacer promptement dans la voie de ses destinées d'avant-guerre (1).

On dit que, dès lors, circula comme un mot d'ordre, dans tous les pays occupés, ce propos que vérifient les événements actuels : « *Vous comprenez bien que si les Français n'osent rien faire pour les pays rhénans, s'ils les abandonnent à la Prusse, c'est qu'ils ne sont pas vainqueurs !* »

Ce mot d'ordre était lancé pour rassurer l'orgueil allemand et maintenir dans l'obéissance et la crainte des populations dont la fidélité à la Prusse n'était rien moins que douteuse et à la merci d'une politique française habile et énergique (2).

La théorie du gage fut aussi propagée (3). Mais, pour le « Reich », la plus sûre des garanties résidait dans l'appui anglo-américain.

La Propagande Allemande chez nos Alliés

Aussi, à quelle débauche de flatteries n'assistâmes-nous pas ! Si notre influence prédomine sur le Rhin, nous devenons, nous opposant à l'Angleterre, une puissance beaucoup plus forte que l'ancienne Allemagne (4).

(1) « Si le Palatinat cesse d'être une partie intégrante de l'empire et se déclare pour une république neutre, tous les territoires de la rive gauche tomberont, tout l'empire allemand s'écroulera... là est le but final de toute la politique française. » (*Neue Badische Landeszeitung*, 26 juin 1919.)

(2) « Jusqu'à présent l'établissement d'une république rhénane n'a pas réussi, mais avec de la ruse et de la persévérance il peut aboutir. » (*Badische Landeszeitung*, 15 juin 1919.)

(3) « Le motif de la politique française est inspiré par les lourdes dettes extérieures de la France. C'est pourquoi on serait très heureux, en France, si l'on pouvait arriver à faire payer par les provinces du Rhin une large part de cette dette. » (*Badische Landeszeitung*, 15 juin 1919).

(4) « La France et la république westphalienne, avec le bassin de la Sarre et la Lorraine, fourniraient environ 200 millions de tonnes de charbon et au moins 45 millions de tonnes de minerai de fer. Il y a, dans les provinces du Rhin et de Westphalie, des hauts fourneaux et des

Toute reprise du commerce avec les Anglais et les Américains donnait lieu à des commentaires, flatteurs pour nos alliés, désobligeants pour nous (1).

Le *Berliner Tageblatt* prit prétexte du discours du député français Brousse, pour publier que les Français jalousaient les Anglais et les Américains, lesquels ne se gênaient nullement pour violer, journellement, les décisions du commandement supérieur interallié en tolérant le trafic des marchandises de la rive gauche sur la rive droite et *cela pour le plus grand préjudice du commerce français* (2).

Mais parfois, au passage, les flatteries à l'adresse des Américains écorchaient l'amour-propre des Anglais : « La Commission américaine qui a visité Hambourg a noté les maisons inscrites sur les listes noires anglaises pour entrer en relations avec elles. Ainsi, la politique de boycottage économique anglais sera un échec complet » (3).

La réception, à Francfort, d'une délégation anglaise de la « Society of Friend » dont le but est de dissiper les préjugés envers l'Allemagne, inspira à la *Frankfurter Zeitung* (4) les commentaires les plus chaleureux et les plus cordiaux.

aciéries, de nombreux ouvriers spécialistes, ce qui permettrait une production de 20 à 25 millions de tonnes de fer brut et de 10 millions de tonnes d'acier. Les Français auraient, en outre, toutes les facilités pour construire une flotte marchande et une flotte de guerre plus fortes que celles d'avant-guerre ; de plus, ils feraient construire des lignes de communication dans les colonies de l'Ouest-Africain ; Dakar serait un port de premier ordre servant de liaison entre Cologne, Paris et l'Amérique du Sud. Agrandie de l'Alsace-Lorraine, du bassin de la Sarre, des provincse du Rhin et de Westphalie, la France serait, dans quelques années, une puissance de premier ordre beaucoup plus forte que l'ancienne Allemagne. »

(1) « Hier, l'Angleterre a passé avec nous (Société des Sels de soude de Rosenberg) des contrats pour la livraison de sels de soude d'une valeur de 30 millions. Aujourd'hui nous recevons des dépêches de commerçants américains qui demandent à faire des achats,... aussi la glace est rompue avec l'Amérique. » (*Badische Presse*, 28 juin 1919.)

(2) *Badische Landeszeitung*, 6 juillet 1919.

(3) *Berliner Tageblatt*, 1er juillet 1919.

(4) 12 août 1919.

Quant aux procédés politiques, toutes les occasions furent bonnes. « Les Français s'appliquent à la conquête des pays rhénans, cela fait contraste avec les Américains et les Anglais qui sont corrects » (1) et se formalisent de la « forme haineuse de l'agitation française » (2).

La presse allemande de la rive droite n'avait pas assez de louanges pour célébrer l'attitude des Américains qui ne veulent « *aucune révolution dans leur zone* » et qui expulsèrent, le jour de l'Ascension, les personnalités politiques du centre venues à Coblentz pour y faire de la propagande républicaine.

On commenta aussi avec une satisfaction haineuse, qui flagellait notre dignité, notre prestige et notre victoire, le décret des autorités britanniques d'occupation en vertu duquel tout changement de la constitution et toute création d'une nouvelle autorité dans le territoire d'occupation britannique étaient interdits. La *Frankfurter Zeitung* (3) conclut triomphalement : « Ce décret met un terme à l'agitation des séparatistes à Cologne. »

C'était le moment (août 1919) où la *Badische Presse* (4) regrettait l'évacuation du secteur de Coblentz par les Américains et où les attaques contre l'armée américaine d'occupation cessèrent brusquement, pour prendre à partie l'armée française.

Au début de l'occupation, et jusqu'en juin, notre armée n'avait inspiré que des louanges. N'avait-elle pas préservé le pays du spartakisme et maintenu, dans leurs fonctions, tous ces fonctionnaires de l'ancien régime qui allaient devenir les meilleurs serviteurs du Reich.

Le 14 juin 1919, on trouvait encore cet aveu dans la *Neue Badische Landeszeitung*, la feuille la plus violemment anti-française de la rive droite : « En définitive, le peuple

(1) *Berliner Tageblatt*, 2 juillet 1919.
(2) *Neue Badische Zeitung*, 27 août 1919.
(3) 27 août 1919. *Berliner-Tageblatt*, 22 août 1919.
(4) 19 août 1919.

palatin, réellement favorisé par la Providence, n'a pas à se plaindre en comparaison de l'Allemagne. Il sent à peine les privations du blocus. Au contraire, un voyage que j'ai fait en Palatinat, le dimanche de la Pentecôte, m'a prouvé la richesse de ce pays et la joie de vivre de ses habitants. Ils chantaient, sautaient et dansaient comme si l'occupation française n'existait pas. Celle-ci laisse d'ailleurs toute tranquillité aux gens. De plus, son industrie importante n'a pas souffert du spartakisme. La vérité est que la situation générale est très bonne au point de vue commercial. La présence des Français rapporte des bénéfices extraordinaires au pays... »

Mais c'était la fin. *C'était la dernière note allemande* qui enregistrait l'admirable tenue de nos troupes en pays occupé. Désormais il ne sera plus question, journellement et dans toute la presse, que des « violences barbares des militaires français en Rhénanie... d'actes de brutalité et de vandalisme ».

Les officiers français sont traités de « voyous » (1).

Le drapeau français du pont de Ludwigshafen est assimilé à un « chapeau de Gessler », que les sergents de ville doivent saluer (2). L'assassinat à Berlin, le 11 juillet, du sergent Mannheim marque le changement net et radical d'attitude de la presse allemande et une recrudescence dans la violence de l'insulte.

« Nous ne cesserons pas de prêcher la haine et de réclamer constamment la vengeance... avec tous les moyens... nous prêcherons la haine à nos enfants et aux enfants de nos enfants... et nous avons la conviction inébranlable que, sous peu, le peuple allemand foulera aux pieds les phrases de la réconciliation des peuples et de la paix éternelle... et qu'alors viendra l'heure de la vengeance qui lavera toute notre honte d'aujourd'hui... »

(1) *Francfurter Zeitung*, 23 juillet 1919.
(2) *Badische Landeszeitung*, 6 juillet 1919.

Le « vandalisme français » (1) est à l'ordre du jour. Ce ne sont plus, de la part de nos soldats, que : « vols de pommes de terre, de poules, d'oignons, de raisins, que forêts ravagées... » (2) « les champs sont piétinés, les arbres endommagés » (3), « les noirs sont plus honnêtes que les représentants blancs de la « Grande Nation... (3) », « nos belles forêts furent mises en triste état pour l'ornement des rues et des places, le 14 juillet... » (4).

Les Français font régner, au Palatinat, « un silence de mort, ils ruinent le pays..., attentent à la vie des hommes..., à l'honneur des femmes..., les femmes sont outragées en présence de leurs maris..., c'est la haine aveugle, tyrannique..., etc. » (5) « La cravache de peau d'hippopotame des Français a toujours raison » (5), « ils couvrent toute amende du manteau du droit » (6), « jugent sans la moindre base juridique » (7). « Ces jugements des tribunaux français sont des jugements de terreur » (8). « Pour des délits infimes, les Français ont institué une chambre de torture au deuxième étage du poste de police, les femmes arrêtées sont traitées à coups de bâton et de cravache ; les yeux tuméfiés, la tête enflée, la bouche saignante, attestent les mauvais traitements... » (9).

Nos soldats sont assimilés à des « vandales qui démolissent les chaises, brisent les boîtes de cigares, maltraitent les citoyens paisibles et soulèvent la juste indignation d'une population gravement blessée qui, depuis des mois, est torturée et tourmentée... » (10). Cette campagne n'épargne

(1) *Deutsche Zeitung*, 24 juillet 1919.
(2) *Badische Presse*, 22 juillet 1919.
(3) *Frankfurter Zeitung*, 13 août 1919.
(4) *Badische Landeszeitung*, 18 juillet 1919.
(5) *Frankfurter Zeitung*, 29 juillet 1919.
(6) *Frankfurter Zeitung*, 17 août 1919.
(7) *Badische Landes Zeitung*, 2 août 1919.
(8) *Volkstimmung*, 21 août 1919.
(9) *Frankfurter Zeitung*, 23 août 1919.
(10) *Francfurter-Zeitung*, 23 août 1919.

pas les jeunes filles ou les femmes, soupçonnées d'avoir des intentions aimables pour les Français. Des ligues de jeunes gens se forment pour les « rosser » et l'on distribue aux ouvriers de Kaiserslautern une « poésie vengeresse », dont le titre est :

DEUTSCHE FRAUEN, NATIONALE SAUEN

(Femmes allemandes, Truies nationales)

. . . .

Qu'il soit vieux ou jeune, riche ou pauvre,
Le Français les a toutes.
Une promenade, le soir, par les rues,
On peut avec peine comprendre,
Que quatre ans durant j'ai combattu
Pour vous préserver, femmes allemandes,
J'ai bien plus longtemps encore souffert ;

Pour m'en remercier, tu deviens la truie de l'ennemi.
O femme allemande, truie nationale,
Comme tu t'es enfoncée dans la fange.
Où est ton honneur ? Où est mon remerciement ?
Ah ! tout est fini !

. . . .

Vous récolterez ce que vous avez semé ;
Mais mes paroles viennent bien trop tard.
O femme allemande, truie nationale,
Comme tu t'es enfoncée dans la fange !

Mais, nous devons clore l'interminable et pénible liste de ces provocations, de ces insultes, de ces attentats qui finiront, un jour ou l'autre, par atteindre leur but en créant réellement une tension regrettable entre certains éléments de la population et les troupes d'occupation.

Par la violence de cette campagne anti-française, on se rend compte des moyens qui furent mis en œuvre pour briser les efforts des Rhénans, efforts favorisés par notre faiblesse et notre passivité. Ils se traduisent par des menaces et des agressions contre les républicains, l'organisation d'un comité d'action anti-républicaine (1) dont le siège est à Mannheim, l'organisation de ripostes à de pseudo-mouvements républicains, des ordres de grèves politique, etc., etc.

Des lettres de menaces parvinrent journellement aux membres des comités républicains. Leurs têtes furent mises à prix et l'une des plus curieuses manifestations de cet état d'esprit fut donnée par la condamnation suivante, émanée du tribunal occulte de la Sainte-Vehme et concernant M. Haas :

« Dans la nuit du 30 juin, la Sainte-Vehme, groupe du Palatinat, a, suivant ses statuts, tenu une réunion à une heure précise du matin, sous le Grand-Hêtre, pour haute-trahison prouvée contre l'Allemagne et le peuple allemand ; la sentence de mort a été lue. On t'a proscrit et déclaré hors la loi et condamné à mort par strangulation, poignard ou poison. Tout Allemand a le droit d'exécuter la sentence. »

Le tribunal Vehme du Palatinat.

X.....

La condamnation ci-dessus est confirmée par le comité suprême de la Sainte-Vehme d'Allemagne.

Weimar, le 6 juillet 1919.

A cette époque, un petit scandale dans le camp des républicains profita à leurs adversaires qui n'ont jamais négligé, depuis, de s'en servir contre les partisans de l'Indépendance palatine. A la suite de l'échec de Spire, le 1er juin 1919, un certain Eggersdorff s'immisca parmi les républicains et sut gagner leur confiance. Mais il se découvrit bientôt comme un intrigant sans scrupule et, au surplus, taré. Les républicains l'expulsèrent aussitôt, mais l'impression avait été mauvaise et on essaya de s'en servir

(1) Pfalz Centrale.

pour discréditer les chefs du mouvement. Le docteur Ritter en particulier, dans sa traduction du livre du commandant Jacquot, citant l'acte de chantage qui provoqua l'exclusion d'Eggersdorff, en fait « un des exemples entre mille des moyens dont la Ligue d'Indépendance se servait pour corrompre la moralité publique du Palatinat » et il lui donne même l'autorité française pour complice ! (1)

Le comité secret d'action pangermaniste et anti-républicaine était composé de conservateurs et de socialistes-démocrates : le docteur Ritter, de Mannheim ; le docteur Osterheld, de Ludwigshafen ; le directeur Kederer, de Ludwigshafen ; le professeur Lang, de Spire ; le député S. D. Profit, de Ludwigsfahen ; le député Koerner, etc., etc.

En relation avec les dirigeants S. D. du « Reich ». Il disposait comme principaux moyens d'action dans le Palatinat, du comité ouvrier (14 membres) de la Badische-Anilin et des 400 « Wertrauensmänner » qui encadrent, tels des sous-officiers, les 14.000 ouvriers de l'usine de colorants.

Le comité, d'accord avec les fonctionnaires et la police, faisait exécuter les décisions syndicales d'outre-Rhin inspirées par le Gouvernement du « Reich » et transmises par les députés S. D. Koerner et Profit et les quelques ouvriers ambitieux, avides de jouer un rôle politique, qui gravitaient autour de ces derniers.

Il ne s'agissait pas seulement, pour cette organisation, de préparer la contre-révolution, elle voulait se donner des raisons d'agir, de tromper l'opinion, de mobiliser ses troupes, de tâter l'adversaire, de l'intimider, et, avant même qu'il ait songé à attaquer, de lancer la riposte.

(1) Lettre d'Eggersdorff à des commerçants en gros où il leur offrait d'obtenir les permis d'importation qui leur étaient nécessaires moyennant une certaine somme d'argent ; ceci sous le couvert de questions politiques.

Ce fut d'ailleurs l'auteur lui-même de ce livre qui saisit cette lettre entre les mains d'un commerçant palatin et la transmit à l'autorité française d'occupation.

En outre, elle visait à des fins plus élevées et plus générales : provoquer et entretenir la haine de la France, discréditer l'armée d'occupation à la faveur d'événements graves habilement conduits et dont les chefs militaires français seront rendus responsables, etc.

Le comité Koerner-Profit espérait, par ces moyens, réveiller et renforcer au fond des consciences populaires et en faveur de l'unité du « Reich » et du « Parti », un sentiment national et politique dont ils n'ignoraient pas la faiblesse et les défaillances.

Les événements de Ludwigshafen du 29 août 1919 resteront le type des moyens employés par nos adversaires en même temps qu'ils furent le coup de sonde que les Allemands donnèrent pour connaître quelle était notre capacité de réaction contre leurs entreprises.

Fin août, se déclancha une campagne de presse tendancieuse, puis des bruits inquiétants furent propagés sournoisement : il ne s'agissait rien moins que d'un coup de force imminent au cours duquel les « gens de la *Freie Pfalz* », aidés par l'armée française, devaient s'emparer de tous les bâtiments publics et mettre la main sur tous les services administratifs du Palatinat...

Des individus sans aveu, payés par le gouvernement, furent chargés de suivre, de menacer, d'insulter et d'attaquer les personnalités républicaines les plus en vue.

C'est ainsi que le dentiste Rall, les membres de la *Freie Pfalz* : Hauck, Eichhorn, furent attaqués par des individus dont l'un, l'ouvrier Schertel, avoua avoir reçu, à cet effet, 1.000 marks !

Le 28 août, le sous-préfet osa venir demander au contrôleur français de Ludwigshafen « l'assistance prévue par le maréchal Foch », sachant mieux que personne par qui la tranquillité publique était menacée.

Ce que le sous-préfet omit naturellement de lui dire c'était que le Regierungs-Präsident de Spire venait de lancer l'ordre de « mobilisation » de l'organisation contre-révolutionnaire ; que les députés Profit et Koerner en avaient réglé tous les détails d'exécution, puis s'étaient mis à l'abri de l'autre côté du Rhin ; que tous les ordres étaient donnés au maire, à la police, à la gendarmerie, aux Verstrauensmänner pour l'occupation, dans la soirée, des bâtiments publics ; que des grenades avaient été distribuées, etc., etc.

Et le sous-préfet ne le disait pas parce qu'il savait parfaitement que toutes les mesures qui concernaient l'ordre public étaient du ressort des autorités militaires françaises !

« L'exercice » devait se terminer tragiquement.

Il le fallait, d'ailleurs, pour qu'il eût un plein succès.

Deux agents, envoyés par l'autorité militaire française pour lui rendre compte de ce qui se passe réellement, entrèrent à la Direction des postes où ils remarquèrent, vers une heure du matin, une agitation anormale. Attaqués par une bande de « Verstrauensmänner », ils se défendirent et abattirent deux manifestants.

Quant au gouverneur de la province, pour dégager sa responsabilité et se créer un alibi, il se trouvait à Kaiserslautern où il avait convoqué tous ses sous-préfets pour une banale question administrative.

Tels furent les incidents de Ludwigshafen. Nous allons voir maintenant comment — dernière phase du plan — *les événements furent exploités.*

Le lendemain, pour l'édification de l'univers entier, l'agence Wolf transformait ces incidents en une tentative séparatiste républicaine soutenue par l'armée française d'occupation, et un journal allemand publiait ces lignes : « l'Assassinat du directeur postal est à la charge du militarisme français, le général Gérard est le seul responsable des événements ! »

Voilà pour l'opinion internationale.

Il fallait, en outre, pour renforcer cette opinion, déclencher *la grève politique de solidarité* prévue dans le plan. Cela fut d'autant plus facile que la presse locale et la grande presse européenne — grâce à l'agence Wolf — avait déjà présenté les incidents comme provoqués par les mesures intempestives de l'autorité militaire française.

Les comités de délégués, à la discrétion du couple Profit-Koener, et la discipline passive ouvrière firent le reste. La grève éclata à la Badische-Anilin et dans plusieurs villes industrielles du Palatinat.

Un véritable ultimatum réclamant la mise en liberté des personnes arrêtées la veille fut envoyé à l'autorité militaire ! Il n'y fut donné satisfaction que lorsque le travail eut repris.

Et, en fait il n'y eut pas de sanction, digne de ce nom, aux événements de Ludwigsafen ; il eût fallu, aux chefs militaires, des pouvoirs qu'ils n'avaient pas.

Le Haut Commandement, mal renseigné pour des raisons difficiles à établir, ne put prendre une décision (1).

Dès lors, conséquence fatale, cette opinion admirablement exploitée par les Verstrauensmänner s'ancra peu à peu dans les cerveaux : « Les Français ont peur de nous. »

A partir de ce jour, c'en fut fait de notre prestige et de nos droits. Les Allemands nous jugèrent aussi incapables de réagir contre leurs attaques que timides dans la défense de nos intérêts, et leurs plaintes au sujet du traité bientôt se changèrent en chicanes, pour, demain, devenir des menaces.

Les événements de Ludwigshafen marquent le commencement de nos reculs devant l'Allemagne ; ils furent le prologue de notre politique de concessions.

(1) Un document publié en annexe de ce volume donne une explication singulière. On comprendra qu'il ne pouvait prendre place dans le corps de l'ouvrage.

DES PRÉDICTIONS QUI SE RÉALISENT

Ce fut à l'époque des événements de Ludwigshafen, du 28 août 1919, peu de temps après la signature du traité de Versailles, que le commandant Jacquot écrivit son livre dont on lira plus loin l'histoire.

Plus d'une année s'est écoulée depuis. Il est intéressant, avant d'aller plus avant, de lire la conclusion qu'il tira alors des faits rapportés plus haut, et des conditions du traité qui devait imposer la Paix au monde en couronnant notre victoire :

« Quand, de 1848 à 1860, l'Allemagne idéaliste, éprise de grandeur et d'unité, l'Allemagne des proscrits, l'Allemagne de Heine et de Boerne, l'Allemagne du parlement de Francfort, tenta de réaliser ses destinées fédéralistes et républicaines, ce furent tous les peuples de l'empire : allemands, slaves, magyars, tchèques, italiens, qui secouèrent leurs chaînes et qui, dans l'ébrouement de leur volonté nouvelle et de leurs libertés reconquises, chassèrent de leur pays ou emprisonnèrent dans leurs palais les hommes de la Sainte Alliance : l'empereur, le roi de Prusse, Metternich ! Mais Schwarzenberg, le Metternich casqué ; Haynau, le bourreau du Milanais, et Bismark ne tardèrent pas à noyer dans le sang les mouvements populaires. Le Chancelier de fer couronna l'œuvre commencée par la philosophie, en substituant au rêve des patriotes allemands la démocratie sans garantie et sans loyauté, qui réalisait sa conception particulière de l'unité allemande. Alors, comme aujourd'hui, l'armée et la bureaucratie étaient restées fidèles au prince !

« En 1919, l'histoire recommence, et, d'un bout à l'autre de l'Europe, les mêmes peuples, mûs par les mêmes aspirations, abattent pour la deuxième fois les mêmes tyrannies !

« Mais, seuls avec les Polonais et les Danois, les peuples

de l'ancienne Autriche réalisent leur volonté nationale. En Allemagne, l'œuvre de force réalisée dans le sang des patriotes allemands subsiste : Robert Blum est invengé, les délibérations de Versailles, qu'elles le veuillent ou non, consacrent le droit de la force et, pour la deuxième fois, réalisent l'unité prussienne de l'Allemagne.

« Et cependant, en vérité, il eût suffi qu'une seule voix de protestation s'élevât dans toute l'Allemagne pour qu'elle méritât d'être entendue ! Or, ce n'est pas seulement une voix qui s'éleva. Partout, en Hanovre, en Thuringe, en Bavière, à Bade, en Prusse rhénane surtout et en Bavière rhénane, ce sont des milliers de voix, échos des voix de la Wartbourg qui se sont fait entendre.

« C'était une nouvelle et timide « Jeune Allemagne », dont un nouveau Heine sur les cîmes du Gothard eût pu entendre le paisible et profond ronflement, qui tentait de revivre confusément et de sortir, tout engourdie encore et toute noyée de rêves, de sa seconde et longue léthargie !

« L'aider à se dégager de l'emprise prussienne, à reprendre conscience d'elle-même, de son génie cosmopolite, de ses nobles origines, pour en inspirer ses destinées nouvelles, voilà ce que la diplomatie aurait peut-être pu tenter !

« Et c'est ce qui ne fut pas fait, par un singulier respect d'un acte de force et d'arbitraire commis par la Prusse il y a moins de 60 ans et qui a tant contribué aux conflits de 1870 et de 1914 !

« Et cependant nous n'avions pas le droit, au nom de l'humanité, de reconnaître à la Prusse une influence définitive sur l'Allemagne, de la sanctionner en quelque sorte, d'établir son caractère fatal et d'incliner devant le génie prussien, puissant, brutal et malfaisant, notre génie de lumière, de paix et de liberté. Après notre victoire militaire, c'était une défaite morale, une faillite des principes mêmes pour lesquels nos soldats avaient combattu.

« Dans son beau discours au Sénat, M. Clemenceau a dit : « L'Allemand est un homme que je n'ai pas la prétention d'expliquer. Pour dire la vérité, je ne le comprends pas et je ne crois pas que l'esprit français le comprenne. »

« L'explication de notre abdication est, peut-être, dans cet aveu ! Nous avons jugé la mentalité allemande avec notre propre mentalité. Nous nous sommes dit : — A leur place quels sentiments éprouverions-nous ? Si on nous appliquait ce traitement, que ferions-nous ? Et nous avons eu, en quelque sorte, peur de nous-mêmes ! Nous n'avons pas senti, comme ceux qui vivaient en terre allemande les mois d'armistice, nous n'avons pas senti qu'à ces Rhénans, qu'à ces Palatins, il fallait, sinon un cadre de pensée, du moins un cadre d'action et de vie et que, tout simplement, il valait mieux pour eux-mêmes, pour nous et pour le monde, que ce fut le cadre français que le cadre prussien !

« Puis d'autres craintes, extérieures celles-là, plus puissantes aussi, sans doute, sont venues se juxtaposer aux précédentes. Des hommes d'Etat ont invoqué l'éternelle et traditionnelle politique d'équilibre (1), la politique des compensations, des solutions sans lendemain, des intérêts immédiats ; la politique d'égoïsme qui pourrait se caractériser par ces mots : — A chaque génération sa tâche ; la nôtre a fait son devoir. Et l'on s'est enlisé dans les à-côtés secondaires ou lointains des grands problèmes à résoudre : *rive gauche du Rhin, Société des Nations.* Comme à la veille de 1870 — Jaurès rappelait ce fait en 1911 dans l'un de ses discours — notre politique se désintéressait des progrès de l'œuvre prussienne du « Reich », jugée comme non dangereuse, pour obtenir, en compensation, d'immédiates et vaines satisfactions !

« Nous n'avons pas voulu ou pu écouter les voix qui montaient du Rheinland et du Palatinat et dont le gou-

(1) « ...Ce n'est pas la défense du droit des peuples qui nous a jamais nui, c'est le système de la politique de l'équilibre et des compensations qui a nui à la France. » — Le traité devant la Chambre. Discours de M. A. Thomas. (*Humanité,* 30 août 1919.)

vernement de Berlin redoutait tant les échos. Il les redoutait même au point qu'en janvier 1919, à la veille des élections populaires, les dirigeants du « Reich », pour ne pas s'aliéner l'esprit des populations rhénanes, avaient envisagé la possibilité d'une liquidation territoriale de l'empire dans le sens fédéraliste (1).

« Que n'avons-nous compris alors et exploité cet état d'âme ?

« Deux solutions s'offraient alors à notre activité diplomatique : la première qui consistait à se servir de toutes les forces de dissociation qui existaient dans l'empire pour amener l'Allemagne à une forme politique pacifique ; la seconde qui la laissait évoluer, sous l'influence de la Prusse, vers une centralisation contre laquelle nous pensions nous garantir par un ensemble de précautions multiples et tatillonnes dont les événements actuels permettent de juger la valeur et dont l'avenir montrera l'efficacité !

Car c'est la deuxième solution que nous *avons dû choisir*, celle qui fortifie la Prusse, qui en fait, de nouveau, et avec les principes d'avant-guerre, l'inspiratrice brutale et l'âme de l'Allemagne. Celle qui rend au Reich, avec la richesse, le levier de sa restauration. Celle qui remet sous la férule de Berlin et de Munich, Palatinat et pays rhénans (2).

(1) Le Sous-Secrétaire d'Etat du Gouvernement allemand avait soin de prévoir aussi comment devait s'opérer la liquidation territoriale de la Prusse : « Ce remaniement de l'organisation territoriale du Reich ne peut pas être simplement décrété par une autorité supérieure. Il faut que les populations, disposant librement d'elles-mêmes, d'après leurs besoins économiques et intellectuels ainsi que d'après leurs inclinations, en prennent l'initiative. Le Reich ne peut agir que comme guide, comme intermédiaire et, finalement, comme autorité appelée à donner sa sanction. » — Mémoire rédigé par le Sous-Secrétaire d'Etat Preuss et publié par le gouvernement avant les élections de janvier 1919. (*Temps*, 3 juin 1919.)

(2) « En novembre 1918, l'Allemagne avait derrière elle 51 mois d'une guerre terrible, achevée par l'effondrement de ses armées et par l'écroulement de ses trônes. Que ne pouvait-on pas faire, alors et depuis lors,

« La question essentielle demeure posée. Le problème n'est nullement résolu et la question rhénane ne saurait sombrer. Tôt ou tard il faudra la reprendre. Il faudra que l'on sorte de cette période d'aveuglement et d'incertitude. La précipitation fébrile avec laquelle les hommes d'Etat de Berlin mettent à profit les circonstances internationales qui les favorisent actuellement découvre trop la trame de leurs desseins, pour qu'un jour prochain les yeux des moins clairvoyants ne soient pas dessillés !

« Nous ne pouvons pas fortifier la Prusse. « Quelle que soit l'opinion qu'on ait sur la manière de rendre l'Allemagne pacifique, tout le monde se retrouve d'accord sur un point : il n'est pas admissible qu'en 1919, comme en 1815, comme en 1866, la guerre finisse par agrandir l'Etat prussien au détriment d'autres Etats allemands. Qu'on souhaite la décentralisation de l'Allemagne ou qu'on se résigne à sa centralisation, l'on ne saurait tolérer que le particularisme prussien soit le seul à *encaisser un bénéfice de guerre* » (1).

« En un mot, il y a une garantie suprême de la paix, c'est

pour le salut de la France, pour la solidité de la paix, pour l'émancipation même des Allemands qui ne sauraient actuellement être libres s'ils sont centralisés ?

« Oui, après une victoire si chèrement payée, que ne pouvait-on pas faire pous décentraliser l'Allemagne ? Qu'a-t-on fait ou laissé faire, et qu'en résultera-t-il ? Voilà le problème. On le verra bien. » (*Temps*, 13 octobre 1919.)

« Nous allons avoir une Allemagne unie, unie contre nous, qui va recommencer sa politique de domination économique, qui va redevenir une menace d'envahissement, alors que nous avions à encourager, soutenir, développer les petites républiques qui y étaient naissantes en appuyant le mouvement anti-militariste et anti-prussien. C'est avec elles, séparément, distinctement, qu'il fallait traiter. Quand bien même elles auraient été un peu en désordre, croyez-vous que nous y aurions vraiment perdu ? Car c'est la grande objection que vous allez faire : nous sommes ruinés, nous avons des dommages de guerre, il faut les payer. Est-ce que toutes ces petites républiques auraient payé ? Eh bien, et l'Allemagne, est-ce qu'elle payera ? » (Margaine, Chambre des Députés, séance du 27 août 1919.)

(1) *Temps*, 23 septembre 1919.

la fin de l'hégémonie prussienne et si cette garantie ne figure pas dans le traité il faudra bien qu'elle entre dans les faits !

« Car, s'il faut nous accommoder du traité, l'avenir n'est pas fermé à tout espoir. Nous pouvons encore, nous devons avoir une politique rhénane inspirée par celle qui a reçu un si beau commencement d'exécution dans le Palatinat. Certes, elle rencontrera d'autres difficultés qu'en novembre 1918 ou même qu'en mars 1919 ! Mais elle est possible.

« Il ne faut pas croire que les événements s'arrêtent au point où les ont mis les rédacteurs du traité... la situation faite par le traité va se développer, nous verrons ce qui en adviendra... cela dépendra des Allemands... cela dépendra aussi de nous » (1).

« Cette politique rhénane, elle a eu le rare mérite, pour une politique, d'avoir été, en quelque sorte, expérimentée avant d'avoir été formulée. Nous avons vu ce qu'elle fut. Nous avons deviné ce qu'elle aurait pu être si on avait eu *les moyens de favoriser économiquement et de soutenir moralement les aspirations populaires !*

« Il semble bien, cependant, que cette politique ne fut envisagée que bien tardivement et d'une façon tout à fait superficielle à la Conférence. Et pourtant, ne méritait-elle pas d'être substituée à celle que proposait le mémoire du 25 février ? (2) N'était-elle pas une solution intermédiaire heureuse entre ce qui était alors proposé et ce qui est ?

« Pourquoi les esprits ne s'y sont-ils pas arrêtés ? Pourquoi les discussions ne se sont-elles pas établies publiquement sur cette thèse ?

« Pourquoi l'opposition irréductible de l'Angleterre et

(1) Discours de M. Clemenceau, 12 octobre 1919. (*Temps*, 13 octobre 1919.)

(2) Mémoire du 25 février : l'occupation permanente y est considérée comme une garantie suprême. La modalité politique de la rive gauche du Rhin est laissée à la Conférence.

de l'Amérique (1), à la solution présentée par le mémoire du 25 février, s'est-elle étendue à la solution qui envisageait le séparatisme rhénan ? Pourquoi, surtout, n'a-t-on pas tenté de combiner les principes politiques qui inspiraient l'action commencée, dans le Palatinat, avec les principes à la base de la Ligue des Nations ? N'y avait-il pas, dans cette synthèse féconde, un moyen de donner à cette dernière institution une consistance, une réalité, une force et un prestige inestimables (2) ?

« Quoi qu'il en soit, le programme de notre politique rhénane, approuvé par la quasi-unanimité de la Chambre (3), a été formulé par M. Maurice Barrès (4). Ce programme,

(1) « Il y avait, en dehors de l'annexion, d'autres moyens d'interdire l'accès militaire du Rhin et d'organiser sur la rive gauche un régime national, politique et économique qui aurait assuré, conformément à leurs vœux, l'indépendance des populations. Mais il ne servirait à rien de discuter aujourd'hui, puisque la négociation poursuivie entre les puissances alliées et associées a écarté ces conditions. » Rapport sur le traité de Versailles, Louis Barthou. (*Temps*, 9 août 1919.) — « Si j'accepte c'est parce que je suis convaincu que M. le Président du Conseil a fait tous les efforts possibles pour obtenir mieux... S'il n'a pas réussi, c'est que l'Angleterre et les Etats-Unis se sont montrés irréductibles. » (Discours de M. Barthou.)

(2) « M. Charles Benoist a dit : « Les garanties que nous souhaitions « nous ne les avons pas », il a ajouté : « Rêvons un peu : Coblentz, Cologne, « Mayence, auraient peut-être pu faire des places interfédérales de la « Société des Nations, descendue du ciel sur la terre, afin de matérialiser, « aux yeux de l'Allemagne, le droit de la force. »

« Ce rêve, je me demande si ce n'est pas la solution qui aurait pu être acceptée par les Alliés ? (Très bien ! Très bien !) La neutralisation sous l'autorité de la Société des Nations eut peut-être été la solution. » (Applaudissements.)

« Et, pour n'avoir pas su choisir entre la politique d'occupation et la politique du droit, vous n'avez ni l'une ni l'autre. » (Applaudissements à l'extrême-gauche et à gauche). (Débat sur le traité de Paix. Discours de M. Albert Thomas, 30 août 1919.)

(3) A plusieurs reprises M. Barrès a insisté à la tribune de la Chambre pour que la France ait une politique rhénane. (Cf. *Journal officiel* des 30 août 1919, 7 février, 28 mars, 31 juillet 1920.) Le 15 novembre 1920, il a inauguré à l'Université de Strasbourg une série de 15 conférences sur le Génie du Rhin et l'éternelle aspiration de la France à exercer son influence en Rhénanie.

(4) « Le Parlement, si nous interprétons l'approbation unanime qu'un exposé de la politique rhénane a paru recueillir, semble avoir fixé les

avec quelques réserves, a rallié, dans ses parties essentielles, le suffrage de M. Albert Thomas (1).

« Si les deux orateurs furent d'avis différents et contradictoires sur la question de l'unité allemande, c'est qu'ils ne l'envisageaient pas sous le même angle. Aussi, est-il permis de croire que la solution qui aurait consisté à

directions de la politique future de la France à l'égard de l'Allemagne.

« Cette politique trouvera sa première et sa plus immédiate application dans la région limitrophe où l'influence française va s'exercer en vertu du traité. La France a entendu déjà et respectera le vœu de ces pays de la vallée du Rhin, qui, sans se séparer de l'Allemagne, aspirent à une autonomie qui les soustraie à l'emprise prussienne. Elle est prête à aider de sa puissance morale et de toute sa collaboration économique cette évolution des populations rhénanes, de tous les partis et de toutes les classes, vers un statut et un régime qui assurent leur prospérité, l'expression de tous leurs sentiments et le libre développement de leur génie.

« En conséquence, nous demandons que, sous aucune forme, l'influence prussienne ne soit restaurée sur nos frontières, que notamment soit éliminé le commissaire du Reich, indûment installé à Coblentz. Le traité, en effet, prévoit le contact direct des autorités locales avec le commandement des troupes d'occupation, et pour les relations du Reich avec la France, les ambassades de Paris et de Berlin semblent seules qualifiées.

« En outre, nous demandons que toutes les mesures soient prises pour associer plus intimement les pays rhénans à la France par le commerce, par les voies de communication, par la coordination des tarifs de chemins de fer et des voies d'eau, par un programme de travaux publics, principalement pour la canalisation de la Moselle et de la Sarre, par des institutions bancaires et coopératives, par l'assimilation des lois ouvrières et sociales. (Très bien ! Très bien !)

« Pour ces objets il pourrait être créé, dans le plus bref délai, des commissions mixtes composées de Rhénans et de Français.

« Nous espérons que cette conception de la paix amènera chez les Allemands du Rhin, et même de toute l'Allemagne, une détente souhaitable des deux parts ». — M. Barrès. (*Officiel* du 2 octobre 1919, p. 4684.)

(1) « Tout à l'heure M. Barrès détaillait un plan de pénétration française sur la rive gauche du Rhin, que j'ai applaudi à plusieurs reprises.

« Les Alsaciens et les Français sont unanimes à penser qu'une propagande de latinité et même de germanisme doit être entreprise contre l'hégémonie prussienne, mais si cette propagande devait aboutir à quelque acte d'autorité, je suis en défiance. Nous sommes en droit de demander au gouvernement la directive politique que le pays attend pour savoir ce que vaut la paix qui lui est apportée aujourd'hui. » (Vifs applaudissements). — Albert Thomas. Le traité de Paix devant la Chambre. (*Echo de Paris*, 31 août 1919.)

permettre à l'Allemagne d'opérer sa centralisation à la manière des Etats-Unis — c'est-à-dire en adoptant un système politique qui n'aurait pas permis à l'Etat prussien de réaliser cette centralisation à son profit — aurait rallié l'approbation des deux hommes politiques (1).

« M. Clemenceau, dans son discours au Sénat, semble avoir envisagé, lui-même, un programme d'action rhénane : « Si nous pouvons nous faire des amis, et j'entends la portée de ce mot, des populations de la rive gauche du Rhin, en nous montrant bons à leur égard, en faisant notre devoir de bons voisins et en les obligeant à faire de même, je trouve que cette politique est excellente. Si nous pouvons les débarrasser du despotisme prussien, nous devrons le faire, mais sans intervenir dans leurs affaires. Nous avons à les protéger contre le despotisme prussien, mais nous n'avons pas à entrer chez eux pour y amener la révolution ». *(Vive approbation.)*

« A l'heure actuelle, il est une chose à peu près certaine, c'est que l'Allemagne ne tiendra pas ses engagements et qu'elle attentera — elle le fait déjà — à la sécurité de nos troupes.

« Or, le choix des sanctions à prendre contre elle, pourrait peut-être s'inspirer d'un programme d'émancipation des peuples rhénans. D'autre part, il existe dans le traité un article 270 ainsi conçu : « Les Puissances alliées et associées, dans le cas où ces mesures leur paraîtraient nécessaires pour *sauvegarder les intérêts économiques de la population des territoires allemands occupés par leurs troupes*, se réservent d'appliquer à ces territoires un régime douanier spécial, tant en ce qui touche les importations que les exportations ».

(1) Or, « c'est au profit de la tradition prussienne que tournent tous les changements qui acheminent l'Allemagne vers la centralisation. C'est là un fait visible pour M. Albert Thomas, aussi bien que pour M. Maurice Barrès. Devant ce fait, comment deux bons Français ne seraient-ils pas d'accord. » (*Temps*, 31 août 1919.)

« Une note singulière en date du 28 juillet 1919, prévoit que les Alliés ne feront pas, pour le moment, usage de cet article !

« Cette interprétation négative et ce *désintéressement apparent* ont merveilleusement servi, jusqu'ici, les intérêts économiques anglais et américains (1).

« Peut-être pourrions-nous envisager, à notre tour, notre propre intérêt. Il réside dans l'application de l'art 270. Les Allemands, après s'en être réjouis, commencent à s'effrayer de cette invasion économique anglaise, de ce « véritable protectorat britannique » (2), et ils songent à établir leur contrôle eux-mêmes, ce qui, en définitive, aboutirait à établir une frontière de douane à la limite de la zone d'occupation.

« On devine les sentiments qui les font hésiter (3) à choisir cette dernière solution. Ces sentiments témoignent, une fois de plus, du peu de confiance qu'inspirent aux dirigeants du « Reich » le loyalisme des populations rhénanes !

(1) « L'ancienne frontière douanière de l'Allemagne ayant été brisée et la nouvelle n'ayant pas été constituée, les nations alliées qui, plus avisées que la France, voulurent exploiter tous les avantages économiques de la victoire, ont pu faire des territoires rhénans un vaste entrepôt commercial et tirer d'outre-Rhin ou y faire entrer presque librement de prodigieuses quantités de marchandises. Pour donner une idée de ce trafic, effectué en dehors de nous, et par conséquent à nos dépens, il suffira de l'éloquence d'un chiffre : au début de septembre, la Chambre de Commerce de Cologne, officiellement « destinée à fournir un tremplin au nouvel essor du commerce de la Grande-Bretagne en Allemagne », représentait 300 millions de livres sterlings (près de 11 milliards de francs) de capitaux britanniques. — La paix anglo-saxonne, Ch. Saglio. (*l'Œuvre*, 16 octobre 1919.)

(2) Ch. Saglio, La paix anglo-saxonne (*l'Œuvre*, 16 octobre 1919.)

(3) « Mais le *Berliner Tageblatt* soulève une objection assez curieuse. Il craint qu'une barrière douanière n'encourage les populations rhénanes à se détacher du Reich : « La rive gauche du Rhin serait séparée de l'organisme économique que forme l'ensemble de l'Allemagne. Economiquement, elle aurait la sensation d'être un pays étranger, et *cela produirait inévitablement un effet sur la mentalité des habitants. Le mouvement séparatiste, que déjà l'on ne parvient pas à refouler sans peine, recevrait un nouvel aliment.* » (*Temps*, 16 octobre 1919).

« Et nous apprenons, une fois de plus, à connaître les Rhénans et les Palatins par... les Prussiens !

« Evidemment, tout cela est peu compatible avec la « *neutralité* » de l'armée d'occupation ; cette fameuse neutralité qui brise toutes les initiatives, paralyse toutes les volontés, empêche de mettre à leur place les hommes de caractère et d'énergie.

« Il vaut mieux le dire : la neutralité est impossible. Tôt ou tard on est obligé de prendre parti, ne fût-ce que pour ses amis.

« Tenter de l'imposer à l'armée d'occupation, c'est aller au-devant des surprises, des rixes, des incidents de toute nature. Neutre ! C'est là un état d'âme et d'esprit que le Prussien ne comprend pas. Neutralité pour lui, c'est faiblesse !

« C'est, en outre, un état de passivité dangereuse et illogique, qui permet toutes les attaques, toutes les insultes, puisque riposter ou répondre, c'est encore prendre parti ; puisqu'il substitue à une présence active, qui est du moins sympathique à toute une importante partie de la population, une présence parasitaire, sans objet moral, inutile à ceux qui nous aiment et détestée des autres.

« Ce qu'il faut, c'est que nos administrateurs rhénans, si tant est qu'ils aient encore le pouvoir de jouer un rôle actif, se servent de notre armée pour en faire le soutien d'une politique ferme, nette, méthodique.

« C'est en agissant ainsi, c'est en apparaissant, aux yeux de populations craintives, sous cet aspect de fermeté décidée et résolue, asservie à la protection d'une politique que nous ne craignons pas d'appeler franco-allemande par opposition à franco-prussienne, que la France observera la vraie, la seule attitude qui convienne à son rôle et qui soit compatible avec la paix future du monde, avec l'honneur, la dignité, l'intérêt et la sécurité de notre pays ; qu'elle imposera le respect auquel elle a droit, conservera les sympathies qu'elle a su acquérir et s'attirera des titres à la reconnaissance des peuples qu'elle aura aidé à reprendre conscience de leur personnalité évanouie dans une Europe renouvelée. »

On verra comment furent accueillies ces paroles de vérité par le Gouvernement de la France en novembre 1919.

Fin du Mouvement pour l'autonomie

La présence en Bavière des chefs du gouvernement allemand Ebert et Noske, pendant les incidents de Ludwigshafen, démontra aux partisans de l'Indépendance palatine que leur mouvement était pris au sérieux, que les attaques qu'ils venaient de subir n'étaient que le prélude d'une campagne et qu'ils allaient avoir affaire à forte partie.

Déjà, le 30 août, à Ludwigshafen, le député social-démocrate, Profit, prononçait un discours injurieux à l'égard de la France, de son armée d'occupation et des républicains.

« Nos membres, écrivait à cette occasion le président de la Ligue d'Indépendance, Eichhorn, se demandent avec stupeur si ces insolences sont restées impunies. Je crains une réaction fâcheuse sur les énergies à cause de cela, car toute magnanimité sera interprétée comme faiblesse par nos adversaires. »

Mais aucune sanction ne fut prise, aucune réparation ne fut demandée ; bien au contraire, le 31 août, la censure des journaux fut levée et la liberté de réunion rendue.

Dès lors, sans être inquiétée, la Pfalz Centrale, organisation filliale de la Heitmadienst qui venait d'être installée à Mannheim pour combattre (1) la propagande

(1) Une somme de 10 millions fut mise à cet effet à sa disposition par le Gouvernement du Reich. (*Freie Zeitung* du 6 mars 1920.)

française et républicaine dans le Palatinat, put poursuivre sa mission.

Sous la direction des députés Hoffmann, Becker, Hammerschmidt, Profit, une tournée de conférences fut faite en Rhénanie pour « empêcher que les Palatins s'échappent du Reich ». Des trains spéciaux furent formés pour amener par billets collectifs des agitateurs à la solde du gouvernement de Berlin, dans les villes où se tenaient les réunions, et afin de conduire la lutte, s'il y avait lieu par la violence même, contre tous ceux qui tenteraient une opposition. Les conférenciers proféraient des menaces de travaux forcés à l'adresse de ceux qui seraient convaincus d'idées séparatistes, ils prononçaient le mot de haute trahison en insultant la France et ils promettaient pour un avenir prochain la revanche de l'Allemagne.

Les fonctionnaires allemands, dont la plupart sont originaires de la rive droite, soutenaient par ordre cette action, tandis que l'autorité française, pour conserver une « stricte neutralité », fermait les yeux. Elle empêchait même les républicains d'émettre une protestation. « Nous sommes restés passifs, écrit alors l'un d'eux, malgré le mauvais effet que cette attitude pouvait produire, pour rester fidèle au mot d'ordre de l'armée d'occupation. »

Pourtant les républicains s'efforçaient de maintenir leur point de vue ; leur journal, la *Freie Pfalz*, paraissait à 60.000 exemplaires, ils réunissaient des signatures bientôt au nombre de 30.000, ils fondaient des groupements locaux et établissaient un service d'information pour être au courant des intentions de leurs adversaires. Mais que pouvaient-ils faire contre la formidable campagne que le Reich menait contre eux et qu'on leur interdisait presque de combattre !

Car c'est l'époque où l'on réorganisait l'armée d'occupation et où les généraux Mangin et Gérard qui, tant qu'ils le purent, furent les seuls appuis du mouvement rhénan, étaient rappelés ; rappel brutal qui prenait presque la forme d'une sanction dont on se réjouit, comme il convenait, rive droite. N'était-ce pas d'ailleurs un succès pour les pangermanistes que le rappel de ces chefs dont, après les événements de juin, ils avaient demandé le remplacement ?

Les républicains allaient être livrés à eux-mêmes, le nouveau commandant des troupes françaises faisant, dès son arrivée, très nettement connaître qu'il resterait neutre sur le terrain politique.

Alors les journaux pangermanistes exultèrent. La *Frankfurter Zeitung*, la *Kölnische Zeitung*, la *Neue Badische Landeszeitung* redoublèrent de violence à l'égard des « traîtres » rhénans et nous savons quelle arme dangereuse et puissante est la presse en Allemagne.

Déjà Bismarck, parlant de la *Kölnische Zeitung*, disait qu'elle valait pour lui un corps d'armée sur le Rhin.

Le gros des journaux prussiens et prussianisés emboîtèrent le pas. Ce fut un concert de calomnies, d'interprétations tendancieuses, de menaces et d'accusations de trahison. Dans le même temps les Français retiraient leur appui moral aux républicains et, chose inouïe, on voyait certains officiers les combattre et refuser de les favoriser.

C'est en vain que le maréchal Foch donnait des ordres pour remplacer dans les administrations françaises les employés civils originaires de la rive droite par des indigènes.

« *Dans le délai d'un mois, ordonnait-il, tout le personnel qui n'est pas originaire des territoires occupés devra être renvoyé et remplacé par du personnel civil recruté sur place.* »

Mais le 22 octobre, le contrôleur provincial de Spire (1) adressait à ses subordonnés les instructions suivantes :

« Certaines difficultés m'ont été signalées en ce qui concerne l'exécution de la note du 10 octobre au sujet du renvoi

(1) Colonel de M.,..

du personnel des Kontrollämter non originaire du Palatinat, prescrit par le maréchal commandant en chef.

« En tenant compte, *non de la lettre, mais de l'esprit* de cette note, il y a lieu de considérer *comme pouvant être maintenus* tous les gens qui, *sans être originaires* du Palatinat, ont cependant été recrutés comme civils et qui y ont des liens de famille ou *d'intérêt*, en raison de la durée de leur séjour sur la rive gauche. Il y aura donc lieu d'examiner avec bienveillance les situations particulières et de faire rentrer ces personnes dans la catégorie des « civils recrutés sur place ».

« Tous les autres devront être renvoyés, conformément aux ordres formels du maréchal commandant en chef. »

Signé : DE M....

C'était le refus très net d'exécuter les ordres du maréchal. Afin de permettre aux Allemands de la rive droite de ne point céder leur place aux Palatins, on trouva cette excuse : les intérêts acquis pendant le séjour sur la rive gauche. Or, quel est l'homme qui travaillant dans un pays n'y a pas d'intérêt ?

Pour qui connaît l'opinion du colonel de M...., aujourd'hui général, sur les républicains palatins, cette attitude n'est pas une surprise. Cet officier français ne dit-il pas un jour au rédacteur en chef du journal de la Ligue d'Indépendance, (seul organe qui défendait en Palatinat les intérêts français), qui l'a rapporté lui-même à l'auteur de ces lignes : « Je vous défends de faire quoi que ce soit au point de vue politique. Je suis chargé de l'ordre, je me servirais contre vous de mes baïonettes et de mes canons. »

Que pouvait devenir le mouvement d'indépendance palatine si le corps d'occupation prenait contre lui le parti des Prussiens ?

C'est ici que se place l'épisode du livre du commandant Jacquot.

Nous avons cru devoir le laisser raconter à M. de Maizières qui en fut le témoin indigné, en reproduisant intégralement l'article qu'il publia à ce sujet dans le *Gaulois* du 23 août 1920.

Une Histoire invraisemblable

Un officier français traduit en conseil de guerre pour faire plaisir aux Allemands.

« L'histoire dont le récit suit est invraisemblable. Elle est pourtant, je suis en mesure de l'affirmer, rigoureusement exacte. Je n'aurais pas parlé de ces douloureuses misères si des confrères, heureusement plus audacieux et M. le général Verraux, ne m'autorisaient, par leur exemple, à me dégager de tout scrupule.

« Témoin, je dépose donc de ceci :

« Notre occupation militaire du Palatinat fut, sous la direction du général Gérard, commandant la VIIIe armée, dont le quartier général était à Landau, si habile et aussi si ferme, qu'au bout de quelques mois, 220.000 électeurs palatins, représentés par quarante-cinq notabilités du pays, n'hésitèrent pas à prier le général de favoriser un changement de régime qui, en les séparant définitivement de la Bavière, les rattacherait au Reich, mais les ferait cependant bénéficier d'une indépendance politique presque complète. Le général transmit la proposition au maréchal Foch, qui, loin d'y être hostile, l'approuva sous cette condition que nous nous bornerions à ne pas entraver les efforts des Palatins sans provoquer un mouvement insurrectionnel contre la Bavière. Le maréchal estimait que l'établissement d'Etats indépendants le long du Rhin ne pouvait que nous aider à garder notre frontière des entreprises de la fureur prussienne.

« Je suis d'autant plus autorisé à relater le sentiment du maréchal que je le vis à cette occasion et que j'obtins de lui des déclarations d'une extrême et pittoresque précision touchant les rapports respectifs des représentants de l'Entente. Sur ce point, je passe avec discrétion. C'était sous le gouvernement de M. Clemenceau. Notre président était à ce moment éloigné de tout contact avec le public; la porte par laquelle on pouvait l'approcher était soigneusement défendue,si bien que le général Gérard, ne pouvait réussir à obtenir du gouvernement des « directives » touchant la politique à adopter dans le Palatinat, m'avait autorisé, sans me donner aucun mandat, à essayer d'approcher le maréchal, au cours d'un voyage à Paris, et de solliciter son avis, sous le bénéfice du souvenir de la bienveillance qu'il m'avait témoignée alors qu'il était, dans la Somme, commandant du G. A. N. On connaît la réponse du maréchal. Revenu à Landau, j'en fis part au général Gérard.

« Celui-ci, fidèle observateur de la consigne, mit aussitôt tout en œuvre pour organiser dans le pays une propagande économique raisonnée. On créa des journaux « en langue allemande », ce qui, à mon sens, était la bonne manière (il importe, en effet, de convaincre les gens dans leur propre langue et non pas seulement de chanter en français les louanges des Français) ; on installa des expositions, des cours du soir, des écoles qui furent dès le premier jour très fréquentés. On édita aussi un livre intitulé : *Le général Gérard et le Palatinat*, qui, dans la pensée du général, devait être, à l'usage de ses collaborateurs militaires et civils, une sorte de guide où se trouvaient résumés les résultats acquis et aussi indiquée l'œuvre qui restait à accomplir. Ce livre fut, sur l'ordre du général, établi par les soins du commandant J... (encore en activité), édité par les services de l'armée, et je n'ai pas besoin d'ajouter, je suppose, qu'il ne fut jamais mis en vente et ne bénéficia d'aucune publicité.

« Le malheur voulut cependant qu'un exemplaire fût dérobé, remis aux Allemands des pays non occupés, qui le firent traduire et menèrent à cette occasion une audacieuse campagne dans les journaux d'outre-Rhin. Plainte officielle fut portée par les Allemands devant l'autorité civile française, dont M. Tirard était — sous, hélas ! le contrôle un peu tapageur des Alliés — le plus haut représentant dans les pays du Rhin. M. Tirard, pour éviter des discussions qu'il jugeait inopportunes, transmit la plainte, à la requête des Allemands, à l'autorité militaire française représentée par le général Degoutte.

« Ce dernier, respectueux de la suprématie civile, traduisit le commandant devant un conseil de guerre — simplement. J'ai oublié de vous dire que le commandant dont il s'agit était de mes amis. Inquiet de certains bruits qui couraient et représentaient cet officier comme une victime désignée, j'allais à Mayence trouver le général Degoutte, à qui je représentais respectueusement combien il était regrettable, en pays ennemi, de voir ainsi maltraiter un officier coupable, somme toute, d'avoir déplu à un roi de Bavière et à ses fonctionnaires. Le général Degoutte me remercia et me promit d'intervenir officieusement, en négligeant, toutefois, de m'avertir qu'il avait signé, la veille, l'ordre de mise en jugement. Le lendemain je voyais M. Tirard. Embarrassé, il fut agile, me répétant à satiété qu'il était obligé de quitter Coblence le soir même.

« Huit jours après, le commandant J..., coupable d'avoir, sur l'ordre de son chef, fait un livre désagréable aux Allemands, était appelé chez le capitaine Chevron, commissaire rapporteur près le conseil de guerre de Strasbourg, et inculpé de — je ne sais quoi.

« Bien plus, quinze jours encore après, et c'est là que l'histoire commence à devenir invraisemblable, le colonel E... (mille pardons, mais c'est encore un ami) était appelé de la ville du Rhin où il commandait, à Strasbourg, pour y déposer dans l'affaire du commandant, et, à l'heure même où il était dans le cabinet du magistrat, celui-c.

faisait perquisitionner chez ce même colonel, dans la ville allemande où il résidait, tant à son bureau qu'à son domicile privé dont les policiers fouillèrent tous les meubles, bousculant jusqu'au linge pour s'assurer qu'entre deux chemises ne se dissimulait pas l'édition du fameux livre qui devait bien représenter le volume d'un mètre cube.

« J'ajoute que cette perquisition, qui ne donna aucun résultat, il est à peine besoin de le dire, eut lieu devant la populace allemande divertie et triomphante. Ce n'est pas tout. Toujours pour plaire aux Alliés, en oubliant que du même coup on faisait le jeu des Allemands, on alla jusqu'à perquisitionner chez le général Gérard, commandant d'armée, grand-croix de la Légion d'honneur, titulaire de la médaille militaire, pour obtenir, comme vous le pensez bien, le même résultat négatif et ridicule. Les circonstances et aussi l'amitié m'ayant mis à même de suivre de près tous ces événements, je quittai les pays du Rhin pour venir de nouveau à Paris, où j'allai immédiatement voir M. Ignace, qui était alors chef suprême de la justice militaire. Je connais M. Ignace depuis, hélas ! pour lui et pour moi, environ trente ans, je crois bien qu'il fut même un temps où nous nous tutoyions au Palais et aussi à la Marine, alors qu'il était le zélé collaborateur de M. Lockroy. Je lui exposai toute l'affaire. Il me répondit :

« — Mon cher, soyez sûr que les droits de la défense seront sauvegardés.

« Et puis, nous ne nous entendîmes plus du tout, parce qu'il faut vous dire que ce bon M. Ignace est sourd comme une pioche, même plus sourd que moi qui le suis déjà pas mal.

« J'avoue que cette fois j'entrai dans une rage folle, ne pouvant me faire à cette idée qu'une nécessité politique pût justifier des poursuites contre des officiers français, à seule fin de faire plaisir aux Allemands, et, du coup, au comble de l'exaspération, j'allai trouver M. Poincaré, qui était Président de la République.

« Je le vis le 31 décembre 1919, à cinq heures du soir. Je n'ai pas à relater ici l'entretien, qui fut long.

« Quelques jours plus tard, le commissaire rapporteur de Strabourg rendait une ordonnance de non-lieu et les Allemands cessaient de triompher.

« Le général Gérard est aujourd'hui au cadre de réserve. Le commandant J... et le colonel E... sont encore en activité, mais en disgrâce, malgré les nombreuses palmes qui s'alignent à leurs croix de guerre. L'un et l'autre restent profondément dégoûtés — moi aussi.

« M. le général Verraux demandait des précisions. Les voilà. »

G. de Maizières.

La conclusion de ce livre, transcrite plus haut, montre quel était l'esprit de cet ouvrage. Pourquoi fut-il saisi ? Pourquoi l'auteur passa-t-il en conseil de guerre ? Pourquoi le général Gérard fut-il perquisitionné ? Pourquoi le colonel E... subit-il cet affront de se voir lui, chef de la Section économique de Ludwigshaffen, perquisitionné aussi d'une façon qui présente un caractère d'exceptionnelle gravité puisque ce fut non seulement à son domicile, mais encore à son bureau même, aux yeux des Allemands, que la perquisition fut opérée ?

Est-ce parce que le commandant Jacquot critiquait « l'éternelle et traditionnelle politique d'équilibre » chère aux Anglais, et a-t-il ainsi indisposé nos gouvernants d'alors.

Est-ce pour avoir écrit ouvertement ce qu'il pensait sur l'Allemagne et a-t-on saisi son livre dans l'esprit qui animait le colonel de M.... disant aux Républicains : « Je me servirai contre vous (qui soutenez la cause d'une république palatine) de mes baïonnettes et de mes canons ? »

Est-ce pour satisfaire à des opinions de politique intérieure ?

Peut-être bien est-ce pour toutes ces raisons à la fois (1).

Quoiqu'il en soit, on donna satisfaction aux Allemands, on soutint le point de vue prusso-bavarois et on diminua le prestige de la France.

L'histoire sera sévère pour de tels actes.

La saisie du livre du commandant Jacquot entraînait l'interdiction d'en reproduire le texte.

Or, le livre étant tombé entre les mains des Allemands dès que terminé (2), tous les journaux en commentèrent les principaux passages. Aucun ne fut inquiété de ceux même qui y puisèrent un prétexte pour redoubler de violence contre la France. Un seul fut suspendu, la *Freie Pfalz*, l'unique journal francophile du Palatinat, l'organe des républicains, pour avoir traduit en allemand et publié le 7 décembre les passages suivants :

« C'est ainsi que l'évêque de Spire, Mgr Ludwig Sébastian, et son premier vicaire, Lorrain d'origine, qui s'étaient montrés jusqu'alors les agents discrets et zélés, les propagateurs influents de l'idée républicaine palatine, inclinaient maintenant vers la république rhénane. »

L'évêque écrit au général : « Ce que j'ai entendu dire à Bad-Durkheim, lors de la confirmation, par de notables vignerons, me fait croire à un changement considérable de sentiments qui, sûrement, sera fortifié et raffermi par des prévenances nobles envers ceux qui ne sont pas malveillants. »

(1) On a dit que le commandant Jacquot s'était servi des documents qui devaient rester secrets.

Le docteur pangermaniste Ritter, dans les commentaires qu'il donne au bas de sa traduction (édition Julius Springer, Berlin 1920), n'en souligne aucun.

D'ailleurs ce livre fait pour servir de guide aux collaborateurs du général Gérard ne devait pas être et ne fut pas rendu public.

(2) Indiscrétion de la femme Johanna B..., de Landau.

Pourquoi ces lignes, où l'on cherche en vain un caractère tendancieux, furent-elles cause d'une sanction ?

C'est que Mgr Sébastian, évêque de Spire, fonctionnaire allemand, craignant de se voir compromis vis-à-vis de son gouvernement et soucieux de sa situation, demanda au colonel de M.... de faire un geste qu'il puisse interpréter comme un démenti formel et officiel de ses paroles divulguées.

Le colonel de M...., faisant passer ses préférences confessionnelles (1) avant son devoir de Français, fit le geste qu'il fallait en demandant au général Degoutte la suspension de la *Freie Pfalz*.

Dès lors, frappés d'ostracisme, mis à l'index par les Français, traînés dans la boue de la trahison par les feuilles d'outre-Rhin sans pouvoir se défendre, les républicains durent se taire.

Ils se réunirent une dernière fois en 1919, le 18 décembre,

(1) Une affiche apposée à Spire sur l'ordre de l'autorité française montre les relations cordiales qui existent entre le contrôleur provincial français et l'évêque.

Au risque de compromettre le prestige de la France dans l'âme simple de nos coloniaux en les faisant baptiser par un Allemand, la cérémonie suivante fut organisée le 25 décembre 1919, quelques jours après les événements que nous rapportons.

ARMÉE FRANÇAISE

SPIRE

Fêtes de Noël

A minuit, la grand'messe sera célébrée à l'église Saint-Joseph par Sa Grandeur Mgr Fortineau, évêque français de Madagascar. Sermon par le R. P. Heinrich, ancien supérieur de la mission catholique française de Fianarantsoa (Madagascar).

A 2 heures 1/2 de l'après-midi, sur la place de la cathédrale, les chasseurs malgaches offriront leurs souhaits de bienvenue à Sa Grandeur Mgr Fortineau.

A 3 heures, dans la cathédrale, Sa Grandeur Mgr Sébastian, évêque de Spire, et Sa Grandeur Mgr Fortineau conféreront à 40 Malgaches le baptême et à 100 autres la confirmation.

Allocution par le R. P. Morel, missionnaire français à Madagascar.

(En deux langues.)

et, confiants dans la légitimité de leurs revendications, ils décidèrent d'attendre les événements.

Quant aux Rhénans de la Hesse et du pays de Nassau, depuis la tentative du 1er juin 1919, ils restaient sur l'expectative. Ils ne devaient regrouper leurs forces que près d'un an plus tard, pour essayer, par le fédéralisme, de réaliser les aspirations que nous n'avions pas voulu soutenir.

LA HAUTE COMMISSION INTERALLIÉE EN RHÉNANIE

Depuis le 10 janvier 1920, en exécution du Traité de Paix, la Haute Commission interalliée des pays rhénans, sous la présidence du haut commissaire français, M. Tirard, assume dans les territoires occupés la représentation suprême des gouvernements alliés (1).

Aux termes de l'arrangement entre les puissances occupantes, en additif au Traité de Paix et qui précise les statuts de l'occupation, la Haute Commission a le pouvoir « d'édicter des ordonnances dans la mesure qui est nécessaire pour assurer l'entretien, la sécurité et les besoins des forces militaires d'occupation » (2). L'administration civile des territoires occupés reste entre les mains des autorités allemandes, conformément aux lois allemandes, à l'exception de la réglementation par ordonnance émanant de la Haute Commission, et dans la mesure où celle-ci le jugera nécessaire pour adapter cette administration aux besoins et circonstances de l'occupation militaire.

En conséquence, les lois d'empire et d'Etat et les règlements généraux non appliqués à la date du 10 janvier 1920, dans l'ensemble des territoires occupés, sont, préalable-

(1) Arrangement, art.2.
(2) Arrangement, art. 3.
(3) Arrangement, art. 5.

ment à leur mise en application, transmis par les autorités compétentes à la Haute Commission qui examine si leur texte ne contient aucune disposition de nature à préjudicier à l'entretien des troupes d'occupation, à leur sécurité ou à leur besoin (1).

La Haute Commission, selon les circonstances, peut ordonner la suspension de ces textes ou, s'il y a lieu, en proroger ou en interdire l'application.

Dans sa proclamation de prise de pouvoir, la Haute Commission laissait entendre qu'elle n'userait de ces droits très étendus que pour maintenir l'ordre en pays occupés, mais « qu'elle entendait garantir aux populations rhénanes la justice, l'exercice de leurs libertés publiques et privées, le développement de leurs aspirations légitimes et de leur prospérité ».

A cette époque une campagne de fausses nouvelles s'abattait sur la Sarre et l'Alsace-Lorraine pour y susciter des grèves politiques dirigées contre le Traité. Des offices de propagande instituées pendant la guerre continuaient de fonctionner, répandant le bruit que dans deux ans l'occupation serait terminée.

Confiants dans les promesses de la Haute Commission et dans le but de combattre l'influence prussienne, les républicains palatins demandèrent une audience au commissaire français pour obtenir la réapparition de leur journal, suspendu comme il a été dit plus haut.

Il leur fut répondu que le rôle de la Haute Commission « n'était pas de soutenir une politique en Rhénanie, mais bien de protéger l'armée d'occupation » (3).

Cette réponse qui, inutile de le souligner, découragea les républicains, ne fut point faite à la légère comme d'aucuns l'ont prétendu ; elle est symptômatique d'un état

(1) Ordonnance de la Haute Commission, n° 1, du 10 janvier 1920, art. 7.

(2) *Ibid.*, art. 8 et 9.

(3) Lettre des Rhenans au *Matin*, publiée le 27 juillet 1920.

d'esprit, elle est caractéristique d'une attitude ou plutôt d'une politique *voulue* par certains et *consentie* par d'autres.

A l'étudier, elle n'est en somme que la citation presque textuelle de l'article 3 de l'arrangement en annexe au Traité de Paix qui détermine les statuts de l'occupation :

« La Haute Commission a le pouvoir d'édicter des ordonnances dans la mesure qui est nécessaire pour assurer l'entretien, la sécurité et les besoins des forces militaires d'occupation. »

Mais elle est aussi l'aveu nettement énoncé d'une application du Traité dans sa lettre et non dans son esprit. Ce défaut d'interprétation devait entraîner l'homologation aveugle de toutes les lois ou décrets du Reich ne concernant pas directement les questions militaires (sécurité de l'armée d'occupation), et c'est ainsi que nous avons vu tour à tour reconnaître aux Allemands la faculté de percevoir des droits de douane en or, d'interdire les exportations et les importations en pays occupés, de saisir les marchandises importées sous prétexte de réquisition, etc., etc.. et c'est ainsi que les civils français établis en Rhénanie ont été, sans protection, livrés à toutes les fantaisies des autorités prussiennes.

Pourquoi le haut commissaire français, ignorant l'article 2 de l'arrangement qui nomme la Haute Commission le représentant suprême des Alliés, et qui, par conséquent, le rend justement responsable de ces homologations regrettables, s'est-il confiné dans ce rôle strict de « protecteur de l'armée d'occupation » ? Pourquoi a-t-il négligé les intérêts commerciaux de la France ? Pourquoi enfin a-t-il refusé de recevoir les Rhénans jaloux de leur liberté politique ? C'est qu'il lui était impossible de cumuler sans concessions ni partialité le rôle de représentant d'une des puissances occupantes et les fonctions de président de la Haute Commission. Sans accuser d'impérialisme ni d'égoïsme l'une quelconque de ces puissances, on peut cependant dire que dans le premier semestre de 1920 la politique française était encore celle du maintien, coûte que coûte, des alliances constractées pour la guerre. Il est évident que dans une commission d'Alliés présidée par un représentant de la France, cette politique obligeait ce dernier à de constants effacements. On a accusé M. Tirard de s'être peu soucié des intérêts français, d'avoir manqué d'énergie, de compétence. Certes, maître des requêtes au Conseil d'Etat, il n'avait pas la haute situation sociale qu'il eut fallu pour un poste aussi important, mais peut-on le rendre seul responsable de nos fautes en Rhénanie et n'est-ce pas d'abord notre politique générale qu'il faut incriminer?

La lettre suivante le démontre suffisamment. M. Tirard n'a fait qu'obéir aux ordres du Gouvernement français, et, dans l'interprétation des statuts du Traité relatifs à l'occupation, il est, sur tous les points, d'accord avec lui.

Le 21 septembre 1920, répondant au nom du ministre, à des commerçants se plaignant de l'inaction de la Haute Commission, M. Paléologue, secrétaire général du Ministère des Affaires étrangères, écrivait :

« La protection des commerçants français résidant à l'étranger incombe normalement aux agents diplomatiques et consulaires. La Haute Commission interalliée a été instituée pour assurer l'entretien, la sécurité, les besoins des postes militaires d'occupation et son rôle est de veiller à l'adaptation de l'administration allemande, aux besoins et aux circonstances de l'occupation. »

Dans ces conditions, quelle influence peut exercer la France sur les bords du Rhin et comment son représentant peut-il défendre les intérêts français !

Il existe bien à la Haute Commission un Service de propagande, mais ses moyens d'action sont puérils par rapport aux formidables efforts de la Heitmadienst. Sous son contrôle, sont publiés un quotidien *l'Echo du Rhin* et une revue *le Rhin illustré*.

Celui-ci reproduit les informations de la grande presse française et publie des articles de fond qui ne sont que des études d'amateurs sur les questions les plus diverses.

Rédigé en français, il ne recrute ses lecteurs qui parmi les militaires de l'armée d'occupation et parmi les quelques civils originaires des pays dévastés qui sont venus s'établir en Allemagne pour réédifier leur patrimoine détruit.

Celle-là, qui a le mérite de paraître en deux langues, est illustrée des vues les plus propres à faire connaître à l'étranger la beauté de nos campagnes, l'élégance de nos villes et notre art national. Sa création et l'esprit qui préside à sa rédaction ne sauraient être assez loués ; mais cette propagande idéale est-elle suffisante lorsqu'il s'agit de répondre aux accusations de la presse d'outre-Rhin, de démentir ses allégations et d'en combattre l'effet sur l'opinion des populations rhénanes?

L'achat ou la création par l'autorité française d'un ou plusieurs journaux locaux s'imposait, non seulement pour opposer notre vérité aux mensonges du Reich, mais encore pour nous intéresser pratiquement aux désirs économiques, politiques ou sociaux de la population. Mais rien n'a été fait. Bien au contraire, nous l'avons vu, les journaux francophiles ont été inquiétés, puis suspendus.

De même, au point de vue social, la Haute Commission n'a jamais pressenti les syndicats ouvriers et s'est contentée d'édicter une ordonnance (Ord. n° 5) sur les conflits industriels ; mais cette ordonnance n'a pour intention que d'assurer la sécurité des forces alliées.

Il n'est pas dans le but de cette étude d'exposer la situation faite à nos nationaux dans l'ordre économique. Mais les vexations continuelles auxquelles ils sont soumis ne peuvent s'expliquer que politiquement (1) et il a paru nécessaire d'en donner ici un aperçu car, elles aussi, sont la conséquence de la méthode appliquée par la Haute Commission pour satisfaire à notre politique de maintien, coûte que coûte, de nos alliances.

La lettre qu'a adressée, le 15 novembre 1920, au prési-

(1) *Action Française* du 29 novembre 1920.

dent du Conseil, ministre des Affaires étrangères, et au haut commissaire français en Rhénanie, M. Jung, ancien vice-résident de France au Tonkin et président de l'Union des Commerçants et Industriels français et belges de Mayence, est à ce sujet pleine d'une documentation éloquente (1).

« ...La presse vient de faire connaître au grand public français les violations systématiques des articles 264, 265 et 267 du Traité de Paix, ces articles ayant trait aux faveurs spéciales accordées aux autres pays, soit pour l'exportation, soit pour l'importation ; nous devrions être sur le même pied d'égalité. Il n'en est rien. Ce n'est pas seulement à propos des articles de luxe que nous sommes mis à l'écart, mais pour tout.

« Les méthodes ont été diverses ; mais elles tendent au même but, le boycottage systématique de tout ce qui est français.

A la dernière foire de Francfort, pour empêcher la vente des tissus entrés en franchise d'Alsace, les Allemands, présentant leurs tissus, ont fait des prix tels pour les lots fabriqués chez eux que la concurrence était impossible ; ces prix étaient faussés et la quantité à vendre fort minime ou nulle. Le but fut atteint.

« En même temps, le mark étant à ce moment à 3 marks, 3 marks 20 pour un franc, on fit courir avec persistance le bruit qu'il allait bientôt être à 1 mark ou 2 marks et que, par conséquent, il fallait attendre.

« Maintenant le mark est à 5 marks pour un franc, trop haut pour tenter aucun acheteur.

« Résultat : presque pas de vente.

« Survint un nouveau mot d'ordre : ne rien acheter en francs, exiger le prix en marks, ce qui peut provoquer des pertes graves.

(1) Des extraits de cette lettre ont été publiés dans l'*Action Française* et dans l'*Écho de Paris* du 29 novembre 1920.

« Ensuite, ne plus vendre qu'en francs, lorsque les produits sont à destination de la France. Des lettres adressées à nous-même le prouvent et nous avons appris que des instruction sévères étaient venues de Berlin à ce sujet. Les grandes associations de producteurs, qui ne peuvent rien exporter sans autorisations, sont obligées de s'incliner. Ainsi, par l'exemple dont nous donnons la preuve, une faulx à destination d'Anvers pour l'Amérique du Sud est vendue 18 marks 50, soit 3 francs 60 environ ; la même, pour la France, est vendue 8 francs, soit 40 marks.

« Autant dire qu'on ne veut rien nous vendre. Ceci est pourtant au détriment de l'industrie allemande ; mais ces faits sont ignorés du public allemand à qui l'on raconte plus que jamais qu'on manque de charbon par la faute de la France, que les industries vont fermer dans quelques jours par suite de cette pénurie de combustible, que nos exigences sont intolérables en tout, que nous ruinons l'Allemagne avec l'occupation des territoires rhénans.

« On oublie de dire que jamais l'extraction du charbon n'a été aussi forte et que les besoins allemands sont largement couverts ; où va donc le charbon qu'on ne distribue pas? Entre parenthèse, il conviendrait en pays occupés d'afficher un tableau faisant ressortir les extractions en 1914 et en 1920, ce qui revient aux Alliés, ce qui reste pour l'Allemagne, et à côté, par suite de nos mines dévastées par l'Allemagne, les différences de production de combustible en France en 1914 et en 1920.

« Pour l'occupation on change les millions en milliards, etc., etc.

« Non contents de cette manœuvre les Allemands, vont, paraît-il, en inaugurer une autre complémentaire qui consiste à refuser de se servir des banques françaises et à exiger que tous les accréditifs, soit d'Allemands, soit de Français, soient faits dans les banques allemandes.

« Pour clore la série des mesures vexatoires, ajoutons les saisies de marchandises même munies de permis d'entrée;

« les saisies de wagons remplis de marchandises expédiées en France pour les pays dévastés, malgré la production des contrats ;

« les poursuites intentées sous toutes sortes de prétextes, comme nous l'avons vu dans la lettre au haut commissaire ;

« les impôts indûment perçus.

« Des droits abusifs imposés à nos ressortissants installés comme industriels en pays rhénans occupés ; que serait-ce s'ils s'installaient en pleine Allemagne ?

« Le refus des autorités locales de les traiter comme leurs nationaux pour tous les besoins de la vie ordinaire (logement, vivres, lait, combustible), avec cette contre-partie de les traiter plus mal en ce qui concerne les taxes impôts et charges diverses.

« Ajoutons enfin la fixation à 900 pour 100 de la douane or. A ce sujet, il est bon de redire ceci :

« La douane or a été autorisée par les Alliés afin de permettre à l'Allemagne de toucher assez d'argent pour payer les indemnités. Or, des milliards ainsi perçus, aucune comptabilité n'a été tenue et personne n'a songé à instituer une caisse tenue par nous ; au contraire, on a laissé l'Allemagne percevoir cet argent et le garder. Et, au lieu d'en tenir compte lors de la demande pressante des Allemands à Spa de leur venir en aide pour le ravitaillement des mineurs, nous nous sommes vus imposer le versement de nouvelles avances !

« Ce rôle de dupes, nos ennemis se plaisent à nous le faire jouer. Ils y excellent, grâce à notre complaisance extraordinaire. Ils nous l'ont dit en juillet 1919 : « Nous chercherons à toucher de vous le plus d'argent possible et nous « ne paierons rien. »

« Dans quelques jours, ils nous apitoieront encore avec la fermeture de leurs usines, avec leur soi-disant impossibilité de payer quoi que ce soit en argent, etc., etc.

« Quelle est donc leur situation économique intérieure

et que doit-on penser de tous les racontars parus un peu partout?

« L'Allemagne, on l'a dit, n'a pas souffert de la guerre dans ses biens, ses usines, ses champs. Elle a continué à produire pendant le conflit et, en 1919, alors que le change n'était qu'à 2 marks 15 (jusqu'en juillet) le franc, elle a vendu des stocks considérables et a acheté des quantités de matières premières. Lorsque le change est devenu mauvais (4 marks jusqu'en janvier dernier, 6 à 7 marks de janvier à avril, 2 marks 90 à 3 marks 20 jusqu'en août, 4 marks à 5 marks maintenant) elle a acheté surtout des vivres soigneusement entreposés en vue de certaines éventualités qui devaient se produire à partir d'avril, et aussi des matières premières à utiliser dans le même but ; quant aux particuliers, ils ont dû s'adresser à Berlin pour avoir les autorisations d'entrée. Aujourd'hui les matières premières rentrent librement.

« L'industrie aurait donné presque son plein rendement si le Reich n'avait pas, depuis avril, inauguré sa politique de prix différents suivant les pays et n'avait pas empêché les exportations. On aurait dit que volontairement l'Etat tenait à pousser à son paroxysme l'indignation des masses populaires et des classes plus élevées, devant le chômage qui était la conséquence de ces mesures absurdes, et devant les pertes qui en résultaient pour les financiers et les chefs d'industries et de commerces. Nous avons lu les protestations véhémentes de tout ce monde d'affaires indigné de cette méthode et voulant travailler. Berlin n'a pas daigné répondre.

« Or, l'Allemagne a travaillé, travaille, et peut payer une grande partie de ses dettes en bel et bon argent.

« La Reichsbank a une encaisse en devises étrangères de tout premier ordre de près de 15 milliards ; ailleurs, c'est encore mieux.

« Mais, dira-t-on, le budget est en déficit de 40 milliards cette année. Que de points d'exclamation et d'interrogation faut-il mettre ? A-t-on eu l'idée d'éplucher ce budget, d'en connaître toutes les roueries, toutes les duplicités.

« Avec les droits de douane en or, les impôts de tous genres et sans cesse accrus, les taxes diverses, etc., l'argent rentre à flots. Il sera encore plus élevé avec l'impôt de sacrifice dont 25 0/0 doivent être versés ces jours-ci.

« Il y a donc une forte fissure qui permet de cacher l'encaisse réelle et de se dire en déficit.

. . . .

« Que peut-on faire ?

« Pour nos compatriotes il faut aviser sans retard. Un abus de pouvoir, un acte arbitraire, etc., nous trouvent désarmés. Aucun organisme (militaire, délégué de la haute commission, consulat) ne peut ou ne veut intervenir.

« Le consul, malgré toute sa bonne volonté, malgré tout son désir de nous être utile, ne peut rien et est lui-même en butte souvent aux vexations allemandes.

« Inertie et dualité de pouvoirs sont cause de tout ce qui se produit et les Allemands, à l'affût, s'empressent de profiter de toutes les fissures. Ils font même fi des circulaires de la Haute-Commission qui peuvent un peu nous sauver et nous défendre, et personne n'est là pour en exiger le respect.

« Désespérés d'être toujours abandonnés, les Français de Rhénanie sont las ; ils perdent toute confiance. Ils se voient opposer par nos agents officiels le Traité de Paix que dans notre haute conscience nous observons, alors que ce Traité de Paix est, aux yeux des moins prévenus, constamment violé à notre détriment.

« Ils réclament justice ; ils veulent un autre traitement.

« Faudra-t-il que nous autres Français ayons aidé nous-mêmes nos adversaires à faire place nette ici ?

Mayence, 15 novembre 1920.

Signé : E. JUNG.

Cette justice, cette protection que réclament nos compatriotes, les Rhénans la demandent aussi. Ils sont égale ment atteints par l'inertie de l'autorité française et souffren d'une terrible crise économique. Le Palatinat, en particu lier, se trouve dans une situation misérable dont ne peuven se faire une idée ceux qui ne se rendent qu'en Hesse, à Mayence ou à Wiesbaden, villes cosmopolites jouissant d'un grande prospérité.

A Landau, le charbon fait totalement défaut ; les rues dès 8 h. 1/2 le soir, sont plongées dans l'obscurité et le gaz supprimé aux habitants ; on y mange encore le pain noir et gluant de la guerre et les denrées de première nécessité atteignent des prix exorbitants (certains dépassent de 200 0/0 ceux de la rive droite) ; le commerce est entrav par les refus de permis de circulation ; trente mille ouvriers chôment alors que les usines de la rive droite et même de la Hesse travaillent à plein rendement.

Boycottés systématiquement par le Reich, espionnés par les agents prussiens ou bavarois, les Rhénans, exaspérés par leurs misères, ne comptent que sur nous pour améliorer leur sort lamentable, car ils sentent nos intérêts solidaires des leurs.

« Vivre » est leur programme. Pour eux, comme pour nous-mêmes, nous n'avons pas le droit de les en empêcher.

(1) Les pays rhénans sont systématiquement privés de charbon et ne sont ravitaillés en combustible que lorsque toute l'Allemagne en est déjà pourvue.

Les livraisons se font dans l'ordre suivant : Entente, Allemagne du Sud, chemins de fer, navigation, usines à gaz et d'électricité, consommation domestique et... enfin... les territoires occupés. (D'après la *Gazette de Francfort.*)

DEUXIÈME PARTIE

DEUXIÈME PARTIE

L'inertie de la Haute Commission interalliée a détourné de la France les espoirs politiques des Rhénans.

Toujours soucieux pourtant de reconquérir la liberté que les traités de 1815 et Bismarck leur ont enlevée, ils ont orienté leur activité vers le fédéralisme et font cause commune avec les particularistes bavarois et hanovriens.

C'est une nouvelle phase de la question rhénane. Les pages qui suivent en étudient le développement, et s'efforcent d'en prévenir les conséquences.

LES MOUVEMENTS FÉDÉRALISTES

L'Allemagne a souffert, avant la guerre, de l'insolente prépondérance prussienne, et, depuis l'armistice, voit avec terreur la Prusse incarner le militarisme et les idées communistes.

Elle veut briser le Centralisme de Berlin qui lui impose des lois contraires à ses sentiments et à ses intérêts, et qui porte atteinte à l'indépendance des états qui la composent.

La Bavière, le Hanovre et la Rhénanie (1) (Pays de Nassau, Hesse Rhénane) ont toujours été les grands centres de résistance à l'hégémonie prussienne. C'est par eux qu'est posée la question fédéraliste, c'est Munich qui, s'installant face à Berlin, veut réorganiser le Reich.

(1) En Saxe vient de se former un parti royaliste dont les tendances semblent devoir adopter le programme fédéraliste.

La Bavière

Aux causes ethniques, religieuses et historiques du particularisme bavarois s'ajoutèrent pendant la guerre, et surtout depuis l'armistice, des raisons nouvelles de séparation avec la Prusse (1). Ce fut le mécontentement provoqué par la longueur de la guerre et par les vaines offensives où les secteurs les plus pénibles, les attaques les plus périlleuses étaient réservées par l'Etat-major prussien aux divisions bavaroises (émeute d'Ingolstadt, défection de Lassigny, etc.). Ce fut surtout la tentative du roi Louis III de séparer sa cause de celle de l'empire en octobre 1918, lorsqu'il sentit la partie définitivement perdue.

« Il y eut là, dit Julien Rovère, une série de jours, pendant lesquels l'action des Alliés eut pu se développer dans des conditions éminemment favorables. Louis III, pour conserver sa couronne et au prix de quelques avantages territoriaux faciles à lui consentir, eût accordé tout ce qu'on aurait voulu. La dissolution du bloc germanique aurait alors été un fait accompli et il aurait été possible d'orienter l'Allemagne du Sud vers les puissances occidentales en l'isolant de Berlin. On ne voulut pas profiter de l'occasion et on laissa passer l'heure. Faute irréparable peut-être et faute définitive, si le destin, abattant Louis III, n'eut suscité Kurt Eisner. »

Mais Kurt Eisner, lui aussi, essaya en vain d'entrer en relation avec le Gouvernement de la France.

Dès son assassinat, Berlin multiplia les efforts pour resserrer l'unité allemande au profit de la Prusse, mais ces manœuvres mécontentèrent l'Allemagne. En Bavière en particulier, le président Hoffmann exaspéra le sentiment populaire en réclamant l'intervention de la Prusse pour

(1) Raisons exposées d'une manière saisissante par Julien Rovère dans son ouvrage *La Bavière et l'Empire allemand.*

réprimer une insurrection communiste à Munich. En juin 1919, la menace de l'Entente d'engager des pourparlers avec chaque Etat séparément pour obtenir la signature de la paix stimula les tendances particularistes. De nombreux journaux furent créés et un parti s'organisa en faveur d'une restauration monarchique, plus apte que tout autre à donner au pays son indépendance.

C'est le parti populaire bavarois (Bayerische Volkspartei) qui groupe les catholiques de Bavière sous la direction du docteur Heim. Possédant 70 voix sur 170 à la Diète (Landtag) il détient actuellement le pouvoir, et von Kahr, ministre président de Bavière, est un de ses représentants. Il appartenait autrefois au centre allemand, mais il s'en est séparé, parce que celui-ci, dirigé par Erzberger, est unitaire et veut une Bavière docile sous le joug de Berlin. Son programme défini à Bamberg, le 21 septembre 1920, comporte la fidélité au Reich, mais une constitution fédérative où, au sein de l'Allemagne unie, la Bavière garderait une large autonomie. Il rendrait à la Bavière, si les circonstances le permettent, avec des institutions monarchiques, sa dynastie traditionnelle représentée par le plus énergique des Wittelsbach, le prince Rupprecht, l'ancien adversaire de French et de Douglas Haig, qui a déclaré accepter le trône si, après la réorganisation de l'État sur une base fédérale, il était rappelé par le peuple.

C'est à la suite du coup d'État Kapp-Lutwitz que le parti populaire a pris le pouvoir (sur 8 membres, le cabinet compte 5 populistes). Conformément au programme énoncé à Bamberg, il s'est orienté vers le fédéralisme et est, par conséquent, opposé à la constitution de Weimar. « L'Allemagne de demain sera fédéraliste ou elle ne sera pas», a déclaré von Kahr. Mais il est entravé par une surveillance constante de la part de Berlin qu'il ne peut éviter. Il lui faut donc compter pour la réalisation des conceptions fédéralistes sur des circonstances favorables (coup d'Etat communiste ou militariste, faillite du Reich, etc.), opportunisme parfaitement conforme d'ailleurs au caractère même du chef du parti populaire, le docteur Heim, dont la souplesse politique est légendaire en Allemagne.

Cet opportunisme du Bayerische Volkspartei s'oppose aux desseins du parti monarchiste Wittelsbach qui cherche à atteindre directement son but : l'établissement d'une monarchie représentative par plébiscite.

C'est le parti du comte Bothmer. Son programme est identique à celui du parti populaire. Mais ancien pangermaniste, très lié autrefois avec l'amiral Tirpitz (*Bayerische Landeszeitung,* 17 novembre 1917. Sieg auf der ganzen Linie), le comte Bothmer est très suspect, même en Allemagne où on le nomme « der siebenmal Gehäutete » (l'homme qui a changé de peau sept fois). Il avoue lui-même, d'ailleurs, la vanité des convictions politiques : « Kenne ich auf dem Gebiete der aûsseren Politik nur Kurzfristig Kûndbar » (Je ne connais au point de vue politique étrangère qu'une politique à courte vue). (Discours prononcé à Passau, le 20 août 1920).

Il ne joue d'ailleurs dans le parti monarchiste que le rôle d'agitateur. Les autres partis bavarois, avec des nuances plus ou moins accentuées, sont fédéralistes aussi, sauf, bien entendu, les socialistes et les pangermanistes qui aspirent toujours (les extrêmes se touchent) à l'unité allemande absolue.

Ainsi posé le problème bavarois est simple, mais il se complique de la question des Einwohnerwehren (gardes d'habitants) et de l'influence des réactionnaires prussiens, tels que Luddendorf, qui s'efforcent d'enrayer le fédéralisme ou tout au moins d'en tirer pour la Prusse et les Hohenzollern tout le profit possible.

On sait que sous le prétexte de maintenir l'ordre et de lutter contre le bolchevisme, se sont fondées en Allemagne... et jusqu'en Autriche, de vastes organisations quasi-militaires que l'on suspecte à juste titre d'être une force armée en marge des stipulations de Versailles concernant le désarmement. La plus importante (elle réunit deux millions d'hommes) est celle connue sous le nom d'Orgesch (organisation Escherich). Escherich est, en ce moment, l'une des vedettes politiques d'Allemagne. Pendant la guerre 1914-1918, il avait dirigé l'exploitation des forêts de Bialovisch, en Pologne. Après la tentative de révolution communiste à Munich, le peuple bavarois ayant manifesté la volonté de travailler dans l'ordre et la tranquillité, Escherich fut désigné dans son canton comme commandant des forces policières locales (Einwohnerwehren), puis il fut nommé leur commandant pour toute la Bavière. Il est parvenu par une centralisation à outrance, par des exercices militaires incessants, par une dotation très importante en matériel moderne, à faire des Einwohnerwehren de véritables troupes d'élite. Il n'a cessé depuis d'élargir son action, et les ramifications de l'Orgesch s'étendent maintenant du Tyrol en Lithuanie.

On a essayé de montrer l'Orgesch comme une association distincte des Einwohnerwehren (1) (déclaration de M. Schlittenbauer, député au Landtag bavarois, au *Matin*, 20 novembre 1920). En réalité, les deux termes sont synonimes et les efforts faits pour les distinguer n'ont pas d'autre but que de limiter leur désarmement éventuel.

Lorsque l'Entente exigea la dissolution des organisations armées, en exécution du Traité de Paix et des accords de Spa, von Kahr, toujours sous le prétexte de lutter contre le bolchevisme, déclara publiquement qu'il était décidé à ne pas respecter les clauses du serment.

« La majorité du peuple bavarois désire le maintien des gardes civiques, s'est-il écrié au Landtag. Leur désarmement et leur dissolution sont impossibles actuel-

(1) Certains Allemands ont affirmé à l'auteur de ces lignes que des officiers anglais (Col. St.) soutiendraient en Bavière une propagande contre le Traité et en particulier contre le désarmement des Einwohnerwehren.

lement. La convention de Spa n'impose pas que l'Etat se suicide. »

Le gouvernement de Berlin rendit compte alors de ce refus à l'Entente en alléguant que, si le gouvernement bavarois refusait d'obéir au gouvernement d'empire, ce serait le chaos en Allemagne, et que, pour l'éviter, il semblait nécessaire à l'Entente de faire quelques concessions à la Bavière sur ce sujet.

L'Entente fut dupe de ce raisonnement. Elle prescrivit au général Nollet, président de la Commission interalliée de désarmement, de se rendre lui-même en Bavière pour traiter personnellement cette question.

La manœuvre de Berlin avait réussi.

Si le gouvernement d'empire avait obligé lui-même la Bavière à dissoudre ses organisations, c'était contre lui, contre la Prusse que se serait dirigée la haine des Bavarois, et ceci d'autant plus facilement que, dans l'esprit des paysans, les Einwohnerwehren sont effectivement conservées pour lutter contre le communisme et que Berlin reste toujours considéré par eux comme le foyer d'infection sociale de l'Allemagne. De plus, c'était exécuter le Traité et nous savons la résistance systématique du gouvernement à en observer les clauses pour satisfaire aux besoins de sa politique intérieure.

Il était de beaucoup préférable de se déclarer impuissant et de laisser l'Entente « se débrouiller » elle-même avec la Bavière. C'est elle qui supporterait la colère bavaroise et qui, la draguant ainsi, la détournerait du gouvernement de Berlin. De plus, si, par un hasard possible, l'Entente permettait aux Bavarois de conserver leurs organisations militaires, il n'y aurait pas de raison de la refuser aux autres Etats de l'Empire, concession que la Prusse saurait vite exploiter en sa faveur.

Certes, il est impossible de savoir s'il y a eu véritablement désaccord entre Berlin et Munich et si le docteur Simons, ministre des Affaires étrangères du Reich, n'excite pas secrètement von Kahr à la résistance, mais il est certain que ce fut la pensée qu'on eut à Berlin en rédigeant la note qui provoqua l'intervention du général Nollet.

Celui-ci n'a jusqu'ici rien obtenu; les Einwohnerwehren continuent d'exister et Escherich, chaque jour, augmente leur effectif.

Or, le gouvernement de l'Empire, inquiet de l'importance chaque jour plus grande du mouvement particulariste bavarois, a confié au général Luddendorff la mission de l'entraver. Luddendorff est donc venu s'installer à Munich et y intrigue pour orienter les tendances fédéralistes dans un sens favorable à la Prusse et à une restauration des Hohenzollern. Toujours sous le même prétexte de réagir contre les menées communistes, il est entré en relation avec Escherich et a dressé un vaste plan d'une restauration collective des dynasties allemandes avec l'aide de l'Orgesch et des éléments monarchistes de la Reichswehr. A cet effet, il a essayé de gagner le prince Rupprecht qui aurait, dit-on, refusé de le suivre dans cette voie dangereuse, se rendant compte que Guillaume et ses fils peuvent difficilement espérer un revirement en leur faveur (sans doute Rupprecht envisage-t-il la possibilité de remplacer la maison des Hohenzollern par celle des Wittelsbach sur le trône impérial).

Les thèmes de base de la propagande faite par Luddendorff en Bavière sont, naturellement, la revanche, sentiment commun des Allemands et le plus propre à les réunir sous la même bannière, et la lutte contre le bolchevisme. Il est assisté du colonel Bauer, le véritable promoteur de l'idée des organisations armées, et c'est par lui qu'il dirige Escherich.

Bauer fut un des chefs du coup d'Etat Kapp.

Dittmann a suffisamment dit au Reichstag le rôle joué par cet homme dans la préparation de l'insurrection de mars 1920. Le député socialiste a revélé les démarches du colonel prussien auprès des autorités anglaises à Cologne, dans les derniers mois de 1919. Dès cette époque, les officiers supérieurs britanniques du corps d'occupation savaient qu'au printemps de l'année suivante les militaires prussiens feraient un « putch » (*Intransigeant*, 23 novembre). A l'heure actuelle, le colonel Bauer prépare sous la conduite de Luddendorff le mouvement qui devra ramener au pouvoir, non pas seulement la réaction allemande, mais la réaction prussienne. Ses voyages en Hollande sont fréquents, et cette liaison entre les pangermanistes installés en Bavière et le kaiser a été à plusieurs reprises dénoncée par le *Freiheit*. Son but a d'ailleurs été avoué par le kronprinz Wilhelm de Prusse, qui a manifesté l'espoir de voir se produire bientôt de grands changements lui permettant de retourner en Allemagne, et le souhait d'assister *tout d'abord* et prochainement au relèvement du trône de son « cousin » Rupprecht de Bavière (*Freiheit*, 15 novembre 1920), ce qu'il envisage comme le prologue de la restauration du trône de Prusse.

Aux tendances fédéralistes bavaroises est intimement liée la question du rattachement de l'Autriche à l'Allemagne.

La politique bavaroise a, au cours de l'histoire, toujours eu partie liée avec l'Autriche. Non seulement les deux pays sont limitrophes et desservis par le Danube, mais encore les deux dynasties sont étroitement liées par les liens du sang. Les deux maisons régnantes sont catholiques, comme le sont également les populations des deux Etats. La Bavière et l'Autriche manifestent les mêmes sentiments vis-à-vis de la Prusse, en s'accordant à dire « que c'était folie de laisser la Prusse à la tête de l'Allemagne, car elle est habitée par des Slaves ; elle n'est donc pas allemande tandis que les Autrichiens et les Bavarois le sont » (1).

(1) Von Gonne : die preussich-deutsch Frage, cité par J. Rovère.

La Bavière n'a jamais perdu de vue l'Autriche et elle a toujours pesé les possibilités qui, grâce à cette puissance, s'offraient pour elle de jouer un rôle ou d'alléger le joug prussien.

En octobre 1918, Louis III, on le sait, projetait la création d'un vaste Etat par la réunion de l'Autriche et de la Bavière, et, déjà, il avait fait occuper le Tyrol qu'il comptait bien annexer.

Il existe en Autriche un très fort mouvement d'opinion pour le rattachement à l'Allemagne.

Le 1er octobre 1920, l'Assemblée nationale autrichienne, a voté le principe de l'organisation d'un plébiscite sur la question du rattachement au Reich et, le 21 septembre déjà, à l'occasion de l'anniversaire de la signature de la paix, de grandes démonstrations eurent lieu à Vienne, au cours des quelles on chanta le *Deutschland über alles*, tandis que des milliers de manifestants réclamaient l'union au Reich.

Dans le même temps, à Berlin, une fête en l'honneur de M. Udo Hartmann, ambassadeur d'Autriche rappelé dans son pays, prenait le caractère d'une grande manifestation en faveur du rattachement. Enfin, pendant la période qui précéda les élections du 17 octobre 1920 pour l'Assemblée nationale autrichienne, les feuilles danubiennes furent pleines de discours en faveur d'une réunion à l'ensemble des Etats allemands.

Le traité de Saint-Germain stipulant formellement que l'indépendance de l'Autriche est inaliénable, l'Entente fit connaître son mécontentement et son refus catégorique à consentir une union qui romprait de nouveau l'équilibre de l'Europe centrale.

Devant cette attitude, un changement de ton se produisit dans la presse viennoise qui tenta d'expliquer que la résolution admise par l'Assemblée nationale avait été purement platonique et « n'avait présenté que le caractère d'un argument électoral » (1).

(1) *Temps*, 6 octobre 1920.

Mais, quelque temps après, *l'Œuvre* publia une série d'articles émanant d'une haute personnalité autrichienne, qu'elle prétendit plus tard être le roi Charles Ier, lui-même, où la question était nettement présentée sous le jour d'un rapprochement entre l'Autriche catholique et la Bavière catholique.

« Combien plus dangereuses (2), disait l'auteur de ces lignes, sont les menées de ceux qui prétendent arriver au même résultat par un petit détour ! Escomptant les sympathies instinctives de ceux qui, en France, déplorent le renforcement de l'unité allemande au lendemain de l'armistice, ils s'efforcent de leur persuader que la sécurité de la France réside dans la création d'un contrepoids vis-à-vis de la Prusse. Ce contrepoids serait constitué par une Allemagne du Sud indépendante, formée par la réunion de la Bavière et de l'Autriche.

« Il est à souhaiter que les Français ne se laissent pas séduire par de pareilles suggestions. Ceux qui les préconisent n'ignorent point que cette séparation entre les deux Allemagnes serai de courte durée, et qu'elles ne tarderaient pas à se réun r et à former un empire plus puissant que celui de 1914. »

Et, en effet, l'entente est complète entre le parti populaire bavarois (catholique) et ses correspondants en Autriche. Le docteur Heim, son chef, y dirige même les Associations paysannes (Internationale verte), et on sait qu'Escherich étend jusque dans le Tyrol les ramifications de l'Orgesch. De plus, les rapports les plus étroits se nouent entre les monarchistes bavarois et le gouvernement de Budapest, lui aussi en gestation d'une restauration. Dans un récent numéro de la cléricale *Augsburger Postzeitung*, ce journal publiait un appel adressé aux intellectuels bavarois, les invitant à venir visiter l'Université de Buda-

(2) Que le rattachement au Reich.

pest, cette « école du christianisme catholique et du plus noble nationalisme ».

Ainsi le plan fédéraliste bavarois engloberait volontiers l'Autriche et jusqu'à la Hongrie, mais se heurte dans ce sens à l'empêchement catégorique du Traité de Saint-Germain.

Mais l'Allemagne est confiante : « Cette idée fera son chemin, écrit la *Kôlnische Zeitung*, et telle une avalanche, elle emportera toutes les résistances qui lui sont opposées. C'est une force naturelle à laquelle rien ne pourra résister ».

Le Hanovre

Le mouvement en faveur de l'autonomie du Hanovre est un des plus importants chapitres du fédéralisme allemand, par le rôle que joue le parti guelfe, aujourd'hui à la tête du mouvement autonomiste,

On sait, qu'après Langensalza, en juin 1866, après la capitulation de l'armée hanovrienne et l'exil du roi de Hanovre, Georges V, l'annexion du royaume fut déclarée à la Diète prussienne par le roi de Prusse, d'accord avec ses ministres, en automne de la même année. Cette annexion brutale, décidée malgré la protestation véhémente et solennelle de la population qui s'éleva tout entière contre cette violation du droit et de la souveraineté nationale n'apporta aucun changement dans l'état d'esprit du peuple hanovrien, si bien qu'aujourd'hui encore la Prusse et le Hanovre sont restés dans cette situation que Bismarck appelait « état de guerre légal ».

Un parti, le parti hanovrien-allemand ou parti guelfe, s'organisa rapidement, se fixant comme programme le rétablissement de l'autonomie du pays qu'il réclama toujours au Reichstag par la voix de ses députés. Le gouvernement prussien, pendant plus de cinquante ans, employa tous les moyens pour étouffer les revendications et neutraliser l'action du parti, sous la pression et la discipline rigide de ses fonctionnaires, mais sans grand succès, malgré les grands sacrifices d'argent consentis à la propagande et les dures punitions de prison et de forteresse infligées.

Il est à remarquer, en effet, que le nombre des adhérents du parti guelfe a été en augmentant tous les ans malgré les ennuis et les difficultés de toutes sortes créés par l'administration prussienne aux membres connus du parti. Aujourd'hui la jeune génération du pays se montre particulièrement active et ardente, malgré l'influence des universités.

A la suite des derniers bouleversements politiques et l'écroulement des Hohenzollern, les partis autonomistes reprirent aussitôt avec encore plus de confiance et de force le vieux combat contre l'oppression du gouvernement de Berlin.

Aujourd'hui ces partis, s'appuyant sur l'opinion populaire, sont décidés à réclamer avec la dernière énergie la satisfaction des revendications du peuple, c'est-à-dire son autonomie et le droit de souveraineté nationale. La nouvelle constitution allemande autorise, grâce à l'institution du paragraphe 18, œuvre due aux efforts et au travail du député guelfe Colshorn, la consultation plébiscitaire au Hanovre. Cependant les députés du gouvernement prussien sont parvenus à faire voter la loi reculant de deux ans la date du plébiscite (Sperrfrist). Parmi tous les Etats allemands, seule la Prusse s'oppose aujourd'hui encore, grâce à l'appui que trouve son gouvernement dans les fonctionnaires de son administration, à la restitution de la liberté à la riche province du Hanovre. Les gouvernants donnent d'ailleurs cyniquement et officiellement comme argument la riche contribution financière que le Hanovre procure à la Prusse, contribution sans laquelle les intérêts de l'Etat prussien se trouveraient gravement lésés.

Or, tout ce qui n'était autrefois qu'une demande faite exclusivement par le parti guelfe est devenu, depuis la guerre, la véritable aspiration de la plus grande partie du peuple hanovrien. Au cours de la campagne qui a précédé les élections de janvier 1919 à la Convention nationale allemande, un grand nombre de députés, même socialistes, démocrates et indépendants, se sont ouvertement prononcés en faveur de l'autonomie. Les succès obtenus par les divers candidats des socialistes de la majorité (Mehrheitssocialisten) et du parti du peuple allemand (Deutschevolkspartei), autrefois parti des nationalistes libéraux, ont été dus principalement à l'adoption et au développement du programme-devise « Los von Berlin ».

La province de Hanovre se trouve actuellement divisée en plusieurs préfectures, ce sont celles de :

Hanovre, Hildesheim, Lunebourg, Stade, Aurich, Onasbruck. A l'occasion des élections pour la convention nationale allemande, le gouvernement de Berlin décida que la province de Hanovre, « pays d'exception » puisque soumis au « Sperrfrist », ne continuerait pas à avoir le même régime électoral. Une division électorale nouvelle fut instituée. La préfecture de Hanovre fut réunie aux villes libres et hanséatiques de Brême et de Hambourg, celles de Hildesheim et de Lunebourg au duché de Brunswick, constituant ainsi chacune une circonscription électorale spéciale ; enfin les préfectures d'Auriche et d'Osnabruck furent réunies au grand-duché d'Oldenburg. Le résultat des votes a été, de ce fait, assez difficile a établir d'une façon précise.

Cependant, le résultat des votes dans les trois circonscriptions électorales nouvelles s'établit comme suit :

1.	Parti guelfe	348.160
2.	Christliche volkspartei	147.118
3.	Parti du pays de Brunswick	56.358
4.	Deutsche volkspartei	271.404
5.	Conservateurs prussiens	124.130
6.	Démocratie allemande	447.412
7.	Socialistes de la majorité	131.691
8.	Indépendants	188.731 (1)

(1) **Étude sur le Hanovre. Gilles Clarac-Duvivier.**

L'association électorale du duché de Brunswick a voté l'union avec le Hanovre dans le cas où le pays parviendrait à recouvrir son indépendance. D'autre part, le vote de la province de Hanovre seule, sans le Brunswick, l'Oldenburg et les villes de Brême et de Hambourg, qui eut lieu un peu plus tard, le 26 janvier 1919, a eu le résultat suivant :

1.	Parti guelfe	380.559
2.	Christliche volkspartei	87.910
3.	Deutsche volkspartei	127.248
4.	Conservateurs prussiens	44.405
5.	Démocratie allemande	180.668
6.	Socialistes de la majorité	512.880
7.	Indépendants	10.978

Il est à remarquer que le parti guelfe arrive en seconde place en ce qui concerne la province de Hanovre seule et que, par rapport aux élections du 19 janvier et aux autres partis, il a gagné un nombre important de voix en une très courte période. D'autre part, si le succès obtenu par les députés des différents partis avec des discours-programme favorables à l'indépendance, constitue une base approximative d'appréciation, on est amené à penser qu'un grand nombre de membres de ces partis seront d'accord pour voter en faveur de l'autonomie. Seul, le parti conservateur prussien, composé presque exclusivement d'éléments originaires de Prusse et de Saxe n'habitant le Hanovre que depuis peu d'années, s'oppose formellement à toute idée d'autonomie et à sa réalisation.

A ce sujet, il est curieux de rappeler qu'au mois de juin 1919, le maréchal von Hindenburg, ami personnel du général Brousart von Schellendorf, membre du parti guelfe, répondit à une question posée par un professeur de Darmstadt, membre du parti conservateur, qu'il comprenait parfaitement qu'un Hanovrien d'origine luttât pour l'indépendance de son pays.

Jusqu'à présent le gouvernement prussien a fait tous ses efforts pour neutraliser l'action des adhérents au mouvement séparatiste. C'est vers le milieu de 1921 que devra avoir lieu le plébiscite. En attendant, le Hanovre est dénommé « Etat d'exception » et de ce fait toutes les communications téléphoniques et télégraphiques du pays sont rigoureusement surveillées et censurées. Les vues et les intentions du gouvernement prussien se reflètent dans la loi votée en 1920 par la Convention allemande sous la pression des députés prussiens. D'après cette loi, à l'échéance du Sperrfrist, tout citoyen allemand habitant le Hanovre depuis un an seulement acquiert de ce fait le droit de vote. Aussi la province de Hanovre se trouve-t-elle actuellement, et cela par ordre, inondée de nombreux officiers, civils et de fonctionnaires de toutes sortes, tous Prussiens et Silésiens, venus des anciennes provinces d'Alsace, de Lorraine et des marches orientales de Pologne, où ils étaient en fonctions. Au moment du plébiscite, tous ces fonctionnaires constitueront une force armée, établie contre la liberté hanovrienne et dont il faut tenir compte dès maintenant comme un élément d'opposition très important, actif, organisé et disposant de puissants moyens de propagande.

De plus une véritable immigration a été organisée et de l'Est viennent aujourd'hui s'établir au Hanovre de nombreux étrangers qui ne peuvent manquer de s'opposer par le vote et l'action directe aux revendications légitimes des populations indigènes. Tous ces éléments sont partisans d'une Prusse militaire et puissante sous l'égide de laquelle ils se sont enrichis jusqu'à présent et dont la protection est aujourd'hui leur force et explique leur orgueil.

Ces mesures politiques gouvernementales vont de pair avec le projet de loi d'ordre économique, assurant la centralisation absolue et le monopole de la vie économique même de toute l'Allemagne, et montrent avec quel esprit de suite le gouvernement prussien poursuit le but et l'organisation de sa politique intérieure.

En face de ces mesures, les membres du parti guelfe ont été amenés à délibérer. La majorité n'aurait pas l'intention d'attendre l'échéance du Sperrfrist pour exiger le plébiscite et voudrait, au contraire, profiter d'événements probables qui affaibliraient le gouvernement du Reich (faillite, etc.) pour passer à l'action directe et assurer le vote pour l'autonomie.

D'autre part, certains membres de la direction du parti pensent qu'il est préférable d'attendre la date régulière du plébiscite et de procéder ensuite selon la voie légale.

Jusqu'à présent, le parti guelfe s'est borné à agrandir et multiplier ses organisations, renforcer ses préparatifs, augmenter ses moyens d'action, développer et intensifier sa propagande. Plus de 1.000 clubs guelfes se sont fondés depuis la guerre dans tous les districts et à l'heure actuelle la grande majorité des habitants du Hanovre est partisan de l'union économique de la Province.

Les élections du 6 juin 1920 au Reichstag allemand ont prouvé que le mouvement guelfe n'avait pas faibli. Les députés réunis à ceux partisans du particularisme bavarois et rhénan atteignent le nombre de 30 et on compte sur une fraction d'au moins 40 sièges fédéralistes pour 1921.

La Rhénanie

En 1919, l'appel des Rhénans n'a pas été entendu ou a été mal compris. Depuis ils n'ont pas trouvé dans les circonstances politiques la possibilité d'exécuter leur tentative d'affranchissement et que tant de déclarations en faveur du droit des peuples à disposer d'eux-mêmes leur avaient permis d'espérer.

Fédéralistes dès la première heure, comme il a été exposé

dans la première partie de ce livre, ils trouvent maintenant chez les Bavarois et les Hanovriens des sentiments correspondant à leurs aspirations. Ils ont donc lié étroitement leur jeu à celui des particularistes de Bavière et de Hanovre et actuellement la question rhénane est un chapitre de la question fédéraliste.

Selon le plan du docteur Dorten, plan beaucoup plus vaste que celui qu'il exposait en 1919, il s'agirait de réunir en un seul Etat les territoires situés le long du Rhin, qui appartiennent aujourd'hui à la Prusse, à la Hesse et à la Bavière, et dont on peut admettre l'unité géographique, intellectuelle et économique.

Cet Etat, qui comprendrait la Province prussienne du Rhin, la Hesse rhénane, Starkenburg, Oberhessen, l'ancien duché de Nassau, une partie de la Westphalie, le Palatinat, le Birkenfeld et l'Emsgebiet (accès à la mer) serait, sous le nom de République rhénane, un des membres de la Confédération allemande.

Dans l'esprit du docteur Derten, cet Etat serait suffisamment puissant pour contrebalancer la Prusse à l'ouest de l'Allemagne. Pour réaliser ce groupement qui le constituerait, le docteur Dorten envisage deux éventualités :

« La méthode légale, telle qu'elle est définie par la Constution de Weimar permettant, à partir du mois d'août 1921, aux pays allemands de réclamer leur autonomie ou bien leur réunion à des Etats déjà existants par voie de plébiscite. L'autre méthode est celle que peuvent imposer les circonstances : révolution communiste ou coup d'Etat militariste éclatant à Berlin. Les Etats du Sud et la Rhénanie se sépareraient immédiatement de la Prusse bolcheviste ou ultra-réactionnaire en élevant une barrière contre la révolution ou contre l'impérialisme prussien. » (*Temps*, 3 décembre 1920.)

On ne sait que penser de ce projet. Le docteur Dorten prétend pouvoir le réaliser malgré l'opposition catégorique de certaines contrées même rhénanes (le Palatinat en particulier). Il assure que l'avènement de cette République, s'ouvrant largement aux influences françaises, préparerait entre les Allemands et la France la réconciliation qui jusqu'ici a semblé impossible. C'est une idée trop belle pour ne pas être encouragée. (1).

Quoiqu'il en soit de ses possibilités de réalisation, il est certain que le docteur Dorten est un des hommes à l'heure actuelle le plus en vue du parti fédéraliste (2).

Ses ennemis prétendent que sa conversion à un Reich fédéraliste n'est qu'une manœuvre pour obtenir l'appui de la Bavière et du Wurtemberg et se faire nommer président de la République rhénane. Pourtant il se plaît à déclarer que l'œuvre accomplie, il se retirera satisfait seulement d'avoir donné à son pays une meilleure situation politique.

Dans tous les cas, il est certain qu'il veut jouer son rôle dans une nouvelle organisation politique de l'Allemagne.

Il s'appuie sur le parti chrétien et sur le centre catholique, dont le chef, M. Trimborn, est partisan d'une république rhénane à la condition de se trouver devant le fait accompli, mais les ouvriers ne le suivent pas quoiqu'il ait gagné à la cause Smet de Cologne, chef des indépendants et directeur du journal *Kheulisch Republik.*

Ainsi a évolué le mouvement rhénan de 1919. Alors qu'après l'armistice, la Rhénanie revendiquait seulement son autonomie politique par rapport à la Prusse, elle est

(1) Mais sans nous départir de la plus grande prudence. Des industriels allemands, par le Docteur Dorten, essayent déjà sous le couvert de son programme de créer un débouché à leurs marchandises en France. (Comité mixte de Wiesbaden).

(2) Le 23 juillet 1920, le docteur Dorten fut enlevé à Wiesbaden, dans son domicile, par des policiers allemands armés de revolvers qui le jetèrent dans une auto et l'emmenèrent en Allemagne non occupée. Cette arrestation fut opérée sur l'ordre du tribunal d'Empire de Leipzig. L'intervention du docteur Heim et de l'Angleterre le fit relâcher au bout de quelques jours de détention arbitraire. (*Temps*, 5 décembre 1920).

aujourd'hui une des pierres de base de la future Confédération allemande.

Par Rhénanie, les promoteurs de l'idée fédéraliste n'entendent plus seulement la rive gauche du Rhin, mais bien le véritable « Rheinland » géographique, c'est-à-dire les deux rives du fleuve jusqu'à la mer..

Mais à l'entité géographique indéniable correspond-il une unité véritable de sentiments ?

Le seul Palatinat, pays situé pourtant sur la rive gauche du Rhin, permet d'en douter.

Celui-ci, pour les raisons énoncées au début de ce livre, est essentiellement particulariste. Annexé à la Bavière en 1815, il ne lui est même pas rattaché territorialement et en est une province éloignée, d'intérêts, de mœurs et de religion différents. Il s'est constamment plaint du joug bavarois et c'est autant contre la Bavière que contre la Prusse qu'en 1919 il revendiquait son indépendance.

Foncièrement démocratique, il ne veut pas d'une restauration monarchique ; et, composé d'une majorité protestante et israélite, il s'oppose à tout avènement au pouvoir d'un parti strictement catholique.

En août 1920, il fut profondément ému par la nouvelle que certains officiers de l'administration française en pays rhénans soutenaient les idées du parti catholique bavarois (1).

Il le fut d'autant plus, que c'étaient ceux-là même qui avaient mis la plus grande énergie, en 1919, à combattre toute idée particulariste palatine, pourtant nettement favorable à la France. Il y vit la manifestation de menées confessionnelles devant lesquelles s'effaçaient les questions politiques et de patrie, et il adressa au gouvernement de la République française cette vibrante protestation :

« Le 2 septembre 1920, à Bamberg, le parti populaire bavarois a fixé les conditions dans lesquelles la Bavière

(1) Lettre du curé Martin Walzer.

entend réaliser la formule fédéraliste au sein du Reich. Le congrès a montré, avec le docteur Heim, le caractère *catholique* et *royaliste* de ses fins.

« Or, le 21 août 1920, la *Bayerische Kônigsbote* (le Messager du roi) publiait une lettre du curé Martin Walzer, de Kaiserslautern, au roi déchu de Bavière, Louis III.

« Elle se terminait par ces mots :

« L'autorité d'occupation, à la tête de laquelle se trouve « le chevaleresque général de Metz, refuse aujourd'hui « strictement tout projet d'annexion ou de séparation. Elle « saluerait un empire fédéraliste comprenant un royaume « bavarois. A la propagande pour l'idée royaliste et les droits « de la maison de Wittelsbach, il ne sera pas opposé d'obs- « tacle de ce côté. »

« Républicains palatins, partisans de l'indépendance du Palatinat, nous protestons hautement devant l'opinion publique française contre toute politique tendant à englober le Palatinat dans un mouvement monarchiste et catholique pour la restauration du trône des Wittelsbach selon les traités de 1815.

« Sous prétexte de neutralité, l'armée d'occupation a refusé de nous entendre. Nous ne pouvons admettre qu'elle favorise dans une politique réactionnaire un parti *qui ne représente pas notre pays.*

« Nous sommes dans le Palatinat 60 0/0 de protestants, 25 0/0 de catholiques et 15 0/0 de juifs.

« Nous ne voulons pas de rivalités confessionnelles, inévitables avec l'avènement d'un parti déjà antisémite (1).

« La moitié de nos usines sont fermées.

« Trente mille de nos ouvriers chôment alors que l'industrie de l'Empire est en pleine renaissance.

« Nous voulons que notre pays revive.

(1) Marienburg (Lieutenant Kühn) organe officieux du parti populaire bavarois.

« Nous voulons pour lui des statuts respectant le principe et les droits des nationalités. »

Vis-à-vis du docteur Dorten et d'une République rhénane, il affiche le plus grand scepticisme. Il est d'ailleurs également mécontent de voir Dorten s'appuyer sur le parti chrétien et correspondre avec le parti populaire bavarois.

Il ne veut pas plus d'un gouvernement catholique rhénan que d'un gouvernement catholique bavarois.

Une autre résistance aux idées fédéralistes du parti catholique se manifeste en Palatinat. C'est celle des socialistes démocrates, à la tête desquels se trouve le député Profit. Celui-ci a déclaré que, plutôt que d'assister à une restauration monarchique, il prendrait fait et cause pour les séparatistes palatins et franconiens (1). Singulière attitude pour qui connaît l'acharnement avec lequel, en 1919, Profit et les siens défendaient l'unité allemande !

Ainsi, à l'heure actuelle, le Palatinat pose en quelque sorte une question particulariste dans le particularisme même.

Dans ces conditions, il ne semble pas que la nouvelle République du docteur *se forme sans difficultés.*

Dorten compte solutionner par le plébiscite celles soulevées par le Palatinat. Les diverses expériences faites jusqu'à ce jour en Schlewig, Haute-Silésie et en Grèce ne permettent pas d'être convaincu de l'efficacité de ce moyen.

Mais il serait téméraire d'augurer un résultat. Laissons faire le docteur Dorten, nous jugerons plus tard son œuvre.

***

(1) La Franconie est comme le Palatinat une contrée protestante.

Voici, selon les chefs eux-mêmes des trois grands mouvements en faveur du fédéralisme, les lignes générales de la forme future de la Confédération allemande :

« 1°) Nous ne voyons pas dans le maintien de la constitution de Weimar une sécurité suffisante pour assurer d'une façon durable le développement pacifique des rapports européens et pour garantir les intérêts communs de l'Europe dans les rapports des continents entre eux, car nous ne pouvons pas admettre que la République militaire de l'Empire allemand amène une « prussianisation » définitive de toutes les races allemandes.

« 2°) Par contre, nous considérons comme d'une nécessité absolue la constitution d'une Confédération d'Etats allemands bâtie sur le principe fédéraliste, qui protège les intérêts communs de tous les Etats de l'Allemagne qui sont basés sur le maintien de la paix continentale, et qui permette en même temps à l'homogénéité de race et à l'unité d'intérêts de ces Etats allemands de s'affirmer aussi bien à l'intérieur qu'à l'extérieur.

« 3°) Pour ce motif, nous déclarons comme notre devoir de viser dans un accord mutuel à nous emparer du pouvoir exécutif des mains du gouvernement d'empire qui en est actuellement le détenteur et d'en faire la remise à des gouvernements particuliers, soit qu'ils existent déjà, soit qu'il y ait lieu de les créer. Nous nous estimons autorisés à de telles visées, parce que ces jours derniers l'inobservation de la constitution de Weimar a été réclamée par le plus important des États allemands : la Prusse. Par le fait même que les trois parties qui forment la majorité de l'assemblée nationale prussienne ont déposé à l'unanimité le projet d'un Etat militaire, les dispositions de l'article 10 de la Constitution de l'Empire redeviennent l'objet de la lutte de politique intérieure et sont mis en question.

« 4°) Nous considérons qu'il y a pour nous un devoir à remplir vis-à-vis de l'Etat que de parer à cette tentative de « prussianisation » définitive des diverses parties du territoire allemand, et d'obtenir la forme d'Etat qui soit la seule possible : la Confédération des États allemands. Cette confédération des Etats allemands se compose : des Etats particuliers allemands absolument souverains qui créent un pouvoir central non à cause d'une constitution d'Empire commune, mais à cause de conventions entre les Etats eux-mêmes, consacrées par les années.

« 5°) Les questions des régimes douaniers et des relations commerciales dans cette Confédération d'Etats seront réglées en commun ? Tout accord particulier des divers Etats entre eux ou avec des gouvernements étrangers est exclu en cette matière.

« 6°) Les droits de préséance sur le terrain de la représentation à l'étranger en matière politique et économique, ainsi que les questions des rapports d'outre-mer sont placés sous le contrôle et la responsabilité du pouvoir central.

« 7°) Les questions des monnaies, des mesures et des poids sont du domaine de la Confédération.

« 8°) A la Confédération incombe l'administration et la direction de tout le système de transports, sans que par là le droit de propriété d'aucun Etat de la confédération sur les installations qui se trouvent dans la limite de sa juridiction soit en rien lésé.

« 9°) L'administration de la Confédération se compose d'une présidence alternant entre les divers Etats signataires et de délégués de tous les Etats, étant stipulé que pour un million d'habitants une voix est réservée dans l'administration de la Confédération. Les Etats signataires s'engagent suivant les lois de la juridiction du pays, à donner force de loi à toutes les ordonnances qui assurent l'intégrité de l'autorité de la Confédération.

« En vue de donner au système douanier une orientation unique les autorités centrales sont autorisées à convoquer des représentants des diverses administrations économiques particulières pour discuter la question. L'approbation des lois douanières est réservée au vote des différents Landtags ; un tarif douanier, réunissant l'approbation de la majorité des Landtags et remplissant par conséquent, les conditions d'un traité de commerce, engage toutes les parties.

« 10°) Toutes les recettes provenant des transports, de l'administration douanière commune, etc., sont, les parts une fois faites, la propriété des divers gouvernements particuliers. Mais ces recettes seront versées dans la caisse commune comme avances pour les frais inhérents à l'administration de la Confédération ; il en sera tenu compte dans le règlement des frais qui incombent à chaque Etat pris en particulier. Les dépenses communes à la Confédération sont couvertes par des contributions en rapport avec la capacité d'imposition des différents Etats de la Confédération.

« 11°) Toutes les nécessités de l'État qui n'incombent pas par traité à la Confédération ne sont considérées que comme de simples questions intérieures et ne sont assujetties au contrôle de l'administration centrale que dans la mesure où par leurs résultats les intérêts communs pourraient être menacés dans leur unité.

« 12°) Dans le cas d'une attaque contre l'un des membres de la Confédération, les autres membres se considèrent par le fait même comme menacés également et obligés à la défense commune.

« 13°) Dans le cas d'une rupture des engagements par l'une des parties contractantes et dans l'hypothèse de l'impossibilité pour l'un des membres de satisfaire aux engagements du Traité, c'est à l'administration de la Confédération qu'il appartient d'assurer le respect du Traité.

« 14°) Les obligations de l'ancienne organisation d'Empire vis-à-vis d'un tiers sont soumis à l'administration et au règlement de la puissance centrale de la Confédération. »

CONCLUSION

On peut dire de la Révolution allemande, provoquée par le 11 novembre 1918, qu'elle fut une révolution rétrograde.

De la fuite du kaiser aux élections du 6 juin 1920, le centre de gravité des assemblées nationales du peuple allemand s'est déplacé d'une manière continue et régulière de la gauche vers la droite.

Le double assassinat de Liebnecht et de Rosa Luxembourg fut la première étape de cette progression qui s'est, depuis, poursuivie sans arrêt.

Les chefs des socialistes majoritaires Ebert et Scheidemann, que les émeutes de décembre 1918 et de janvier 1919 avaient hissé au pouvoir, n'eurent d'autre souci dès leur installation au gouvernement que de briser une révolution qui, pour eux, n'avait été que l'instrument de leur ambition. Ils ne firent rien de ce qui semblait être le propre d'un gouvernement révolutionnaire : la révocation des hauts fonctionnaires et l'abolition des lois d'exception. Bien au contraire, ils « copièrent les phrases et les gestes de l'ancien régime, et laissèrent subsister, sans le moindre changement, l'appareil complet de l'ancienne justice militaire qui faisait fusiller en un tour de main les révoltés de la plèbe et... paraissait protéger les assassins de Liebneckt » (1).

Dans les ministères, dans la magistrature, dans la diplomatie, les anciens fonctionnaires furent maintenus à leur poste, et ceux-là même qui avaient mené la politique impériale dirigèrent la politique des socialistes. Si quelques mesures sociales furent prises par le ministère Ebert-Scheidemann, ce ne fut que pour calmer l'effervescence

(1) Paul Gentizon : *L'Allemagne en République.*

des masses profondément déçues par une révolution qui n'avait même pas créé de véritable courant démocratique et pour satisfaire en forme à son étiquette. Les lois sur la socialisation (Socialisirung Gesetz) où quelques concessions étaient faites aux idées communistes (Kalirat-conseils des travailleurs de la potasse, Kohlerat-conseils pour le charbon, Betriebsrœte-conseils d'exploitation) ne furent sur ce terrain économique comme au point de vue militaire (substitution adroite des conseils de confiance aux conseils de soldats) qu'un habile truquage au moyen duquel, respectant les formes, on enrayait définitivement le socialisme latent des classes ouvrières.

Ainsi pendant les 8 mois que ce ministère tint le pouvoir, sa politique n'eut pour but que de consolider sa situation précaire de gouvernement révolutionnaire par l'adoption pure et simple du système de gouvernement de l'ancien régime plus stable à ses yeux que tout essai de réalisation des faciles et généreuses promesses faites au cours de la Révolution.

Lorsque vint l'heure de signer le Traité, le ministère Scheidemann, composé presque exclusivement de personnalités qui « pour la première fois de leur vie se trouvaient placées en présence de graves problèmes de politique extérieure » (1) ne sut que déclarer les conditions de paix « inacceptables » et adopta immuablement cette opinion qui lui semblait être celle de la majorité. Mais il avait compté sans la « prudence » du centre et l'habileté de son chef, Erzberger. Déjà, une fraction des socialistes démocrates soutenaient ingénieusement que les conditions de paix n'étaient pas « inacceptables » mais tout au plus « inexécutables » et laissaient entrevoir la possibilité, après la signature, d'une revision du Traité. Cette thèse prévalut et gagnant, peu à peu la totalité des socialistes démocrates, fit osciller le centre en sa faveur,

(1) Paul Gentizon, *L'Allemagne en République*.

dont l'opportunisme en ce moment fut la tactique. C'en était fait de Scheidemann devant l'étrange alliance entre ce centre catholique et patriote, les socialistes démocrates et les indépendants qui, eux, réclamaient la paix à tout prix. Une majorité, dont la souple intelligence d'Erzberger sut profiter, se dessinait pour la signature. Scheidemann dut lui céder. Ainsi installé par la paix le 23 juin 1919, le nouveau gouvernement Erzberger s'appuyait sur une majorité socialiste panachée de centre.

Sa politique allait consister en une recherche constante de conciliation des principes de socialisme, programme électoral de la majorité, avec l'opinion conservatrice du centre et des fonctionnaires prussiens dont personne n'avait exigé ni même envisagé la révocation.

Cette politique devait durer jusqu'aux élections du 6 juin 1920, et la défaite que subirent alors les socialistes démocrates eut pour cause essentielle le mécontentement provoqué par ce double jeu.

Socialiste pour impressionner les organisations sociales du monde entier et forcer ainsi la main au gouvernement français, pour dissimuler les soutiens du pouvoir d'avant-guerre (ministres ou fonctionnaires des administrations centrales restés à leur place malgré la guerre et la Révolution) ou encore pour satisfaire en forme au mandat de la majorité socialiste, le gouvernement Erzberger servit également la caste militaire et les aspirations pangermanistes pour conserver le pouvoir. Noske, ministre de la guerre en 1919, Vinning oberprésident à Kônigsberg au moment de la tentative de Kapp, le président de Bavière Hoffmann et le député Profit, ces deux derniers alors défenseurs acharnés de l'unité allemande, furent la preuve vivante de cette dualité d'action.

Lorsque des divergences de vue commencèrent à se produire entre les Alliés, la politique à suivre par le gouvernement allemand se dégagea toute nette : isoler la France. Dès lors, commencèrent les excitations en Allemagne et une propagande intense chez les Anglais et les Américains. La politique ancestrale anglaise d'équilibre européen offrit un terrain singulièrement fertile à l'influence allemande qui fit de l'impérialisme français son thème habituel.

Ce furent les calomnies connues sur les troupes d'occupation, le ton pleurnichard devant les réparations exigées et l'interprétation des grèves ordonnées par Berlin comme une protestation du peuple contre les mesures prises par la France dans les territoires rhénans ou dans la Sarre.

Mais ces troubles incessants mécontentaient le pays et cette campagne contre la France ne fut pas un assez puissant dérivatif à la mauvaise humeur de la population qui ne tarda pas à appeler : Gesinnungslumg (gredin d'opinion) ces politiciens à double jeu. Trop confiants dans leur méthode, les socialistes démocrates ne sentirent pas la lassitude du peuple. Les classes moyennes voulant à tout prix le rétablissement de l'ordre se tournèrent vers la droite, vers les pangermanistes décidés, eux aussi, d'en finir avec les socialistes. L'achat d'un grand nombre de journaux par Hugo Stiness rendit la droite tout à coup redoutable et lui permit d'entreprendre une campagne violente pour rallier les éléments modérés en vue des élections.

Les socialistes, soucieux de ne pas mécontenter les indépendants, ne purent influencer efficacement l'opinion publique. Le 6 juin 1920, ils perdirent leur majorité et durent abandonner le pouvoir. Cette journée, d'ailleurs, serait devenue pour eux un désastre si les territoires soumis au plébiscite, la Haute-Silésie, le Schleswig et Dantzig avaient voté. Le résultat de ces élections fut un Reichstag sans majorité effective mais orienté vers la droite et frémissant d'idées de revanche. Indécis dans sa politique intérieure, le gouvernement du 6 juin 1920 « résiste au Traité ». C'est sa raison d'être, non seulement parce que ce Traité ce sont ses adversaires les socialistes qui l'ont signé, mais encore parce que dans sa révision est tout l'espoir du peuple allemand.

Quoique rapide, cet examen général de l'histoire intérieure de la République allemande est suffisant à montrer les étapes du recul de la Révolution et le mouvement continu de réaction qui, depuis l'armistice, s'est poursuivi dans les Assemblées nationales et dans la politique du Reich républicain.

Ce retour au passé trouve son affirmation actuelle dans les efforts de la droite qui cherche à profiter des tendances fédéralistes. Une Fédération des Allemagnes est, en effet, étroitement liée aux questions dynastiques et s'étaye principalement du sentiment monarchique dont est imprégnée l'âme allemande.

Autrefois, le particularisme allemand n'avait pas de meilleurs gardiens que les petits souverains (1), et il faut reconnaître que leur déchéance entraînée par la Révolution de 1918 n'a touché que leur personne. Les princes, comtes, barons, hobereaux, ont conservé tous leurs titres et tous leurs privilèges et, avec les dignitaires des anciennes cours, n'ont cessé de manifester leur loyalisme à l'égard de leurs anciens maîtres. A eux se sont joints tous ceux que la Révolution a mécontenté ou que les mesures socialistes ont inquiété : militaires, financiers, industriels, propriétaires etc., ainsi que les bourgeois et les paysans animés d'une haine fanatique contre l'ouvrier, du fait des privilèges et des faveurs que lui accorde la Constitution de Weimar.

L'âme allemande est restée, soit par sympathie, soit par intérêt, malgré la Révolution, essentiellement monarchiste, et on a pu dire à juste titre que l'Allemagne était une « république » sans républicains. La démocratie allemande n'est qu'une façade que ne peuvent facilement adopter des populations dominées par l'esprit traditionaliste.

(1) *Action française*, 30 octobre 1920.

Une restauration ne sera que le développement logique des événements politiques qui ont suivi l'armistice et la continuation du mouvement vers la droite de l'opinion publique et gouvernementale.

A l'heure actuelle, l'Allemagne se trouve donc en face d'un double problème : une restauration et, conséquence logique, une formule nouvelle de Constitution, permettant au sein de « l'Empire républicain » une sorte de monarchie régionale. Ce serait, on l'a vu, le rétablissement de la forme fédérative du Reich et la représentation égale des Etats au sein d'une organisation équivalent à l'ancien Bundesrath.

Mais il serait assez illusoire d'en attendre « autre chose que ce qui est dans la logique immédiate de son affirmation, c'est-à-dire une réorganisation intérieure du Reich sur la base de la plus large autonomie des Etats. Il ne s'agit pas, aux termes des discours prononcés à Bamberg, de toucher à l'unité allemande proprement dite, mais de réagir contre l'unification du régime allemand tel que le centralisme rigoureux de la Constitution de Weimar a voulu l'établir. » (*Temps*, 30 octobre 1920.)

C'est pourquoi le fédéralisme ainsi conçu marque seulement une nouvelle étape du mouvement réactionnaire allemand.

Aussi devons-nous en observer attentivement le développement pour éviter qu'il ne soit pour nous, à son avènement, une *surprise désagréable* (1).

Car Berlin se rend compte du danger que court la Constitution et essaie par tous les moyens de conserver au Reich son unité. Le gouvernement d'Empire sait qu'un fédéralisme qui donnerait une large autonomie aux Etats allemands est considéré avec faveur par la France et qu'il s'en suivrait entre elle et certains de ces États (Rhénanie,

(1) C'est ce qu'a compris M. Millerand en envoyant à Munich un chargé d'affaires, M. Dard ; l'Angleterre, le Saint-Siège, l'Italie, la Prusse, la Saxe et le Wurtemberg possèdent déjà un représentant à Munich.

Hanovre, Bavière) un rapprochement dont la Prusse serait seule à pâtir.

Toutefois, il comprend qu'une opposition nette aux tendances fédéralistes et la lutte ouverte avec les partisans d'une restauration générale des trônes d'Allemagne serait d'une mauvaise politique et il s'efforce seulement de retarder et de limiter les conséquences d'un ordre de chose qu'il juge prochain.

Il est à prévoir que lorsque les temps seront révolus où, selon l'expression de von Kahr : « l'Allemagne sera fédéraliste ou elle cessera d'exister », il voudra exploiter en sa faveur les événements nouveaux *en proposant la nouvelle situation à l'Entente en échange de la revision des clauses de la paix.*

C'est, en effet, avec une Allemagne unitaire que les Alliés ont traité, unité acceptée par eux dans la reconnaissance de la Constitution de Weimar et largement soutenue par M. Tardieu devant la Chambre française.

Car la France a eu la stupéfaction de voir à la tribune de son Assemblée nationale un de ses députés *défendre l'œuvre de Bismarck* (1).

L'acceptation par l'Entente du nouveau régime politique allemand remettrait donc en question le Traité, et c'est de cet argument que se servirait le gouvernement du Reich pour en demander la revision.

(1) « Nous n'avons pas voulu briser l'unité allemande, dissocier l'empire allemand, a dit M. Tardieu le 2 septembre 1919, pour deux raisons : une raison de conscience et une raison de prudence.

« Une raison de conscience d'abord. Ayant supporté la guerre pour la libération des peuples, nous n'aurions pu admettre que la paix portât atteinte à la *liberté intérieure d'un peuple*, même vaincu, et c'était là la volonté unanime de tous nos alliés.

« Une raison de prudence, ensuite. Pour désunir l'empire allemand, il eût fallu acheter très cher le consentement des intéressés, et diminuer d'autant les garanties totales, et il eût fallu surtout ne pas penser que dans le monde il n'y a pas de violence matérielle qui puisse à la longue triompher d'une force morale. A s'efforcer de dissocier l'Allemagne, nous eussions mis dans les mains de ce pays vaincu et désemparé le plus puissant des moteurs, *en lui rendant un idéal fort, unique et, qui plus est, légitime.* »

Obtenue, le succès serait incontestable pour Berlin, qui limiterait à quelques avantages locaux la réalisation des vœux particularistes.

Déjà, le chancelier Fehrenbach a admis l'idée d'une Fédération des Allemagnes. Mais il ne faut pas oublier qu'il est le chef du parti catholique allemand et que c'est le parti catholique qui, en Bavière, a voté le programme de Bamberg. Il est donc placé mieux que quiconque pour orienter dans le sens que nous indiquons les aspirations fédéralistes (1).

Or, on parle beaucoup d'une Mitteleuropa catholique et les partis majoritaires en Hanovre, Bavière, Autriche et Hongrie sont en effet des partis catholiques et font preuve d'un même zèle à défendre la religion romaine (2).

Il est bien certain que si l'Europe centrale réalisait un fédéralisme dans ces conditions, avec l'intervention du Reich, ce serait au profit de l'Allemagne qu'il se ferait, c'est-à-dire au profit des hommes de droite : les pangermanistes (3) qui, en Autriche, sont les plus actifs à revendiquer soit le rattachement direct au Reich, soit la réunion avec la Bavière.

Pour éviter cette fatale conclusion, que nous est-il possible de faire ?

Encourager le particularisme tel qu'il se présente en essayant d'obtenir l'autonomie complète de chaque Etat allemand pour aboutir à la dislocation effective de l'Allemagne ?

(1) *Le Temps*, à plusieurs reprises, a dénoncé la politique confessionnelle du chancelier du Reich.

(2) On ne peut s'empêcher de faire un rapprochement entre l'Europe de 1920 et celle de 1815, l'Europe de la Sainte-Ligue.

On sait que c'est sous le couvert du catholicisme, par Mme Krudener et Alexandre, qui se fonda contre la France l'alliance de l'Autriche, la Prusse et la Russie.

(3) « Contre la pensée française d'un démembrement de l'Allemagne et d'une balkanisation de l'Europe centrale, il faut dresser le principe pangermaniste. » (Discours du docteur Dirr. député au Landtag bavarois, au Congrès des socialistes démocrates de Heidelberg).

Certes il ne « serait pas indifférent que le rôle de la Prusse fût définitivement réduit et limité dans le cadre du Reich, et que l'influence de Berlin ne pût plus s'exercer comme elle s'exerce actuellement » (*Temps*, 3 octobre 1920), mais, fédéraliste ou unitaire, l'Allemagne dont tous les Etats ont eu leur large part de responsabilité dans la politique qui a abouti à la catastrophe de 1914, ne s'affranchira pas du jour au lendemain de la mentalité qu'elle a révélée au cours de la guerre. N'est-ce pas von Kahr lui-même qui a déclaré : « Un fédéralisme bien compris renforce les diverses parties de l'Empire et par conséquent l'Empire tout entier ? » (1).

Et, d'ailleurs, cette dislocation serait-elle réelle ?

Les transports rapides, les facilités de communication et surtout l'indispensable solidarité des hommes entre eux, s'affirmant au fur et à mesure du nombre de leurs besoins, rendent chaque jour plus impérieuse la nécessité d'étendre jusqu'à l'internationalisation les grands services publics. La seule différence des langues et les conflits d'intérêts généraux s'opposent encore à une société effective des nationalités.

Quelle modification en soi apporterait ce morcellement tartif de l'Allemagne ? Quelques satisfactions de sentiments traditionalistes ou religieux sans plus, on peut le dire. *Mais l'Allemagne germaine, c'est-à-dire l'Allemagne des invasions restera une* (2).

Or, nous ne voulons plus de guerre ; nous ne voulons plus rester sous l'angoissante menace de voir recommencer l'épouvantable tuerie.

(1) Discours prononcé la à Diète bavaroise le 16 novembre 1920.

(2) « Chez aucun peuple, l'union des différences confessionnelles et sociales n'est plus nécessaire que chez le peuple allemand, et à l'heure du malheur, le lien doit être d'autant plus serré qu'il nous enchaîne les uns aux autres et nous empêche de perdre le peu qui nous reste. » (Discours du professeur Lauscher, de l'Université de Bonn, député centriste au Landtag bavarois).

Mais il est vain d'augmenter nos moyens de défense qui, quelques sacrifices que nous consentions, seront toujours inférieurs à la puissance offensive de 80 millions de Germains. La formule *Si vis pacem para bellum* est insuffisante, il nous faut prévenir les causes profondes d'une prochaine invasion.

Elles sont toutes dans le besoin de vivre d'une population dont le prodigieux accroissement lui nécessite de s'étendre et dans l'orgueil incommensurable d'une race qui se dit prédestinée à dominer le monde (1). Refoulée en 1918, elle se trouve momentanément comprimée par un traité qui ne satisfait qu'à des nécessités immédiates et qui n'aborde aucun des grands problèmes que pose l'Humanité.

Il continue d'y avoir en Europe une question allemande, c'est pourquoi la guerre n'a servi de rien.

Comme en 1914, il existe encore un danger allemand. L'Allemagne elle-même le clame chaque jour au monde par la voix innombrable de sa presse ; ses ministres le déclarent dans tous leurs discours et viennent jusque chez

(1) Le pangermanisme a été établi en doctrine religieuse par les philosophes allemandes et cette religion est pour eux une doctrine de la prédestination.

Fichte : « La race allemande est plus ancienne que les autres, parce qu'elle est primitive dans le sens strict du concept. *Elle seule est susceptible de conserver intacte les vraies idées de liberté*, et de former un type établi et défini qui ne changera pas, qui poursuivra éternellement la même fin (für alle Ewigkeit) ! » (Discours à la Nation allemande).

Hegel : « L'Allemagne est le support de l'Esprit universel et a le droit de traiter comme des barbares et des subalternes (mit dern Benaisstein eines ungleichen Rechts) tous les autres peuples qui sommeillent encore. » (*Philosophie de l'Histoire*).

Goerres : « L'Allemagne est placée aux portes de l'Orient et est la barrière dressée contre la barbarie slave. C'est elle qui défend la civilisation, mais c'est elle aussi qui sait modérer les tendances trop extrémistes de l'Occident. Elle est désignée pour renouveler la race et la pensée et opérer cette transfusion du sang nécessaire aux vieilles sociétés. *Aphorismen uber die Organomonie*).

Schlegel : « Il y a un principe divin qui mène le monde, mais aussi une loi naturelle invisible qui y préside. Le sang germanique est ce principe naturel fécondé par le principe divin. (*Philosophie der Gesichte*).

nous pour nous en menacer (1) ; son peuple attend rageusement l'effroyable accomplissement.

Cette revanche que l'Allemagne prépare, ce déferlement de sa vague humaine aura un prologue comme l'« autre », la dernière, celle de 1914. Ce ne sera pas immédiatement la masse brutale de ses armées qu'elle jettera sur nous, mais bien la troupe habile de ses commerçants et les produits de son industrie.

« Même vaincus et contraints par le Traité de Paix, nous serons économiquement victorieux à la fin du compte. Nous réaliserons tôt ou tard nos buts de guerre par notre organisation et notre discipline; et nous édifierons une fortune et une puissance nouvelle. » (D'Entraygues, fin d'année à Francfort. *Le Temps*, 27 décembre 1920.)

Ainsi pensent et agissent les Allemands. Déjà nous retrouvons dans nos grands magasins « leur camelote » bon marché que, grâce au change, ils offrent à vil prix sur le marché mondial.

« Le 15 0/0 des jouets vendus pour les fêtes de Chritsmas dans les magasins d'Angleterre sont venus dans des grandes caisses marquées du « Made in Germany » (*Intransigeant*, 21 novembre 1920.)

« Pendant que nous tenions à Paris la « Semaine du livre », les Allemands tenaient à Francfort la « Foire du livre ». Et ils commencent à inonder l'univers de *livres français*. (*Œuvre*, 23 novembre 1920.) »

« Les dernières statistiques américaines montrent que le commerce germano-américain se rapproche sensiblement de la situation d'avant-guerre. L'Allemagne se trouve de nouveau au troisième rang parmi les Etats européens. » (*Action française*, 30 novembre 1920.)

Contre cet envahissement qui commence seulement, il nous faut élever une barrière.

(1) Discours du chancelier Fehrenbach et du docteur Simons dans les territoires occupés.

Le Traité de Paix nous en donne le droit dans son article 270 que le commandant Jacquot invoquait déjà en 1919.

« Les puissances alliées et associées, dans le cas où ces mesures leur paraîtraient nécessaires pour sauvegarder les intérêts économiques de la population des territoires allemands occupés par leurs troupes, se réservent d'appliquer à ces territoires un régime douanier spécial, tant en ce qui touche les importations que les exportations » (1).

C'est, en d'autres termes, *la douane au Rhin.*

Supprimant ce Zollverein prussien, elle briserait l'œuvre de Bismarck et, *bien mieux qu'une restauration,* rendrait leur autonomie aux Etats allemands ; elle protégerait notre industrie et notre commerce, nous ouvrirait ce magnifique débouché vers le Nord qu'est le Rhin, tandis que notre influence pénétrerait ces pays de la rive gauche, la Rhénanie et le Palatinat.

Les généraux Mangin et Gérard l'avaient compris en 1919, mais par la « volonté unanime de nos alliés » (discours de M. Tardieu), on les a entravés dans leur œuvre, on les a punis d'avoir voulu la sécurité et la prospérité de la France.

Mais il est temps encore. A la mauvaise volonté de l'Allemagne à remplir ses engagements, aux violations constantes du Traité, donnons une sanction qui sera une garantie.

La Conférence de Paris du 24 janvier 1921 pour la fixation de la dette allemande a envisagé, comme pression éventuelle à exercer sur l'Allemagne pour lui faire payer sa dette, l'application aux provinces du Rhin d'un régime douanier spécial. Quoique ce ne soit encore que le rappel dans son seul principe de l'article 270 du Traité de Paix, il semble qu'il y ait un premier pas de fait dans le sens

(1) On a objecté jusqu'à ce jour la note Clemenceau du 28 juillet 1919, disant que les Alliés ne feront pas pour le moment, usage de cet article; mais la Chambre a voté le Traité deux mois plus tard et l'article 270 comme les autres. A-t-elle voté aussi la note du 28 juillet 1919 ?

que nous indiquons. Mais il reste à appliquer cette idée. Souhaitons que nos gouvernants s'en pénètrent et qu'ils comprennent « qu'avant d'aller occuper la Ruhr il est bien plus simple de tirer parti des régions que nous occupons déjà. » (Jacques Bainville, *Liberté*, 31 janvier 1921.)

La douane au Rhin est le complément indispensable de la garde au Rhin et elle nous permettra, bien mieux que l'occupation hasardeuse de la Ruhr, de rassembler les quelques épaves encore flottantes de notre victoire.

FIN

Annexe

A la suite des événements de Ludwigshafen du 28 août 1919, le général commandant l'armée d'occupation du Palatinat prescrivit une enquête pour établir les responsabilités. Ce fut le colonel de M..., contrôleur provincial de Spire, qui en fut chargé.

Le 29 août, la commission d'enquête présidée par le colonel de M... se réunit à Ludwigshafen pour interroger les différentes personnalités allemandes qui avaient pris une part effective aux incidents de la nuit du 28 août. C'étaient : le premier assesseur du sous-préfet de Ludwigshafen, le maire de la ville, le lieutenant de police, etc. Au cours de cet interrogatoire, le premier assesseur reconnut que le sous-préfet avait prescrit de faire occuper la sous-préfecture par 10 gendarmes et qu'il savait que l'hôtel des postes était occupé.

Il reconnut de même que toutes ces dispositions avaient été prises *sans en prévenir l'autorité française.*

Le maire de Ludwigshafen, de même, reconnut n'avoir rien fait pour prévenir les autorités françaises des mesures prises et ordonnées par lui.

Tous deux avouèrent que l'agitation avait eu pour cause des raisons strictement politiques, ce qui corroborait la réponse faite le même jour au commandant M... par les représentants des ouvriers : « La grève générale en cours n'a pas de caractère professionnel et est d'ordre politique. »

La responsabilité des autorités allemandes était donc nettement établie. Parallèlement à l'enquête française, les Allemands adressaient pour *se disculper* un rapport au baron von Lersner où il était dit que l'autorité française d'occupation avait été prévenue des mesures prises et qu'à elle seule, incombait la responsabilité des troubles puisque, chargée de maintenir l'ordre, elle n'avait rien fait pour les empêcher.

Or, le rapport du président de la Commission d'enquête française, contrairement aux conclusions de l'interrogatoire de sous-préfet et du maire de Ludwigshaffen et contrairement aux opinions officielles françaises, *confirma les allégations allemandes.*

C'est ce que fit ressortir le maréchal Foch dans la lettre suivante adressée au général commandant l'armée du Rhin.

LE MARÉCHAL FOCH
commandant en chef des armées alliées

à Monsieur le Général
commandant l'armée française du Rhin à Mayence.

« Par ma lettre N° ... du 7 octobre, je vous ai transmis rapport communiqué par le baron von Lersner au sujet des incidents de Ludwigshafen, en vous demandant de faire une enquête sur les allégations de ce rapport.

« En réponse, vous m'avez transmis un rapport du colonel de M... sur cette question, et vous m'avez fait part de vos conclusions.

« Ces conclusions ne paraissent pas suffisamment établies pour permettre d'en faire la base d'une réponse au gouvernement allemand.

« Le rapport communiqué par le baron von Lersner alléguait tout d'abord, en effet :

« 1° Que le commandant M... avait été avisé des mesures

de précautions prévues par les autorités allemandes pour la nuit du 28 au 29 août.

« 2° Qu'il n'y avait pas fait d'objections.

« 3° Qu'au cours d'une inspection qu'il fit un peu avant minuit au bâtiment des postes, il ne manifesta aucun étonnement de la présence d'agents de police.

« Or, il ressort du rapport du colonel de M... que :

« 1° Le commandant M... avait été avisé le 28 août d'abord par le sous-préfet, puis par le lieutenant de police de Ludwigshafen, des mesures prévues par ces autorités.

« 2° Si le commandant M... a fait observer au sous-préfet et au lieutenant de police que, à son avis, aucun trouble n'était à craindre ; s'il a également fait des réserves au sujet de l'emploi des armes, par contre il a déclaré au sous-préfet ne « pouvoir lui interdire telle ou telle mesure pour la sûreté de ses services », et au lieutenant de police : « Vous, avec vos chefs, vous avez vos responsabilités, je ne veux pas intervenir dans ces questions de police intérieure ».

« 3° Le 28 au soir, le commandant M... a fait une ronde en ville, « il a constaté la présence de police à la mairie, à la gare et à la poste. Il n'a fait aucune observation sur les faits ainsi constatés, il était environ 23 h. 30. »

On remarque que le compte rendu du général de M... est absolument identique au rapport des Allemands, ce qui fait conclure au maréchal Foch :

« Ainsi sur ces trois points les allégations du baron von Lersner paraissent exactes (1) et je ne puis comprendre la première de vos conclusions, indiquant « que les allégations allemandes, en ce qui concerne l'approbation des mesures de police par l'autorité militaire française, sont complètement erronées et que le commandant M... a déclaré

(1) Par rapport au compte rendu du colonel de M...

aux autorités allemandes que toute la responsabilité des troubles qui pourraient en résulter leur incomberait. »

. . . .

« En conséquence, je vous prie de m'adresser le plus tôt possible un nouveau rapport répondant d'une manière précise aux diverses allégations du rapport allemand et me faisant connaître vos conclusions motivées.

Signé : J. Foch.

TABLE DES MATIÈRES

L'ALSACE SOUS LE JOUG

PAR

EMILE HINZELIN

Préface de
MAURICE BARRÈS

10e ÉDITION

Prix : **4 fr. 50**

ÉDITIONS ET LIBRAIRIE
40, RUE DE SEINE, PARIS (VIe)

Fontenay-aux-Roses. — Imp. Louis Bellenand. — 29.317.

www.ingramcontent.com/pod-product-compliance
Ingram Content Group UK Ltd.
Pitfield, Milton Keynes, MK11 3LW, UK
UKHW022020170726
13837UKWH00001B/305

9 782329 195414